O caminho da MENTALIDADE *extraordinária*

Viva o seu verdadeiro potencial

EDITORA
CHAVE MESTRA

EDITORA
CHAVE MESTRA®

Av. Marcos Penteado de Ulhoa Rodrigues, 1119 – Tamboré, Alphaville - SP,
Ed. Office Shopping Tamboré – Andar 21 – Sala Chave Mestra
CEP: 06460-040
@editorachavemestra
editora@editorachavemestra.com.br
Acesse: www.editorachavemestra.com.br

Título original em Português:
O caminho da mentalidade extraordinária: viva o seu verdadeiro potencial

Direção editorial: Raquel Medeiros
Assistente editorial: Eloiza Andrade e Amanda Oliveira
Revisão: Tarsila Marchetti
Diagramação: Weslei Eugênio
Branding de capa: Izzo Medeiros
Projeto gráfico: Weslei Eugênio

Dados Internacionais de Catalogação na Publicação (CIP)

Vale, Rogério (Organizador)
V149 O caminho da mentalidade extraordinária: viva o seu verdadeiro potencial / Rogério Vale – Barueri, SP: Chave Mestra Editora, 2024.
240 p. : 16 x 23 cm

ISBN 978-65-84979-96-3

1. Desenvolvimento pessoal. 2. Espiritualidade. 3. Vida Cristã. 4. Superação
5. Inteligência espiritual. 6. Fé. 7. Título.

CDD 158.1

O caminho da MENTALIDADE *extraordinária*

SUMÁRIO

PREFÁCIO
Chave mestra — 6-7

1 O SONO COMO UMA FERRAMENTA PARA O SUCESSO NA SUA VIDA
Alice Motta Veiga — 8

2 RELACIONAMENTOS SAUDÁVEIS: A BASE PARA UMA VIDA EXTRAORDINÁRIA
Amanda Brito — 16

3 A IMPORTÂNCIA DA SAÚDE MENTAL E DO AUTOCUIDADO
Anadabe Fernandes — 24

4 EDIFICANDO A MENTE E CONSTRUINDO UM LEGADO
Angélica Silveira — 32

5 CULTIVANDO A PACIÊNCIA E A TOLERÂNCIA
Bárbara Ananias — 40

6 ENCONTRE PROPÓSITO E PAIXÃO EM TUDO QUE FIZER
Camila Muniz — 48

7 DESCOBRINDO E GERENCIANDO SUAS EMOÇÕES
Carol Fontan — 56

8 SUPERANDO CRENÇAS LIMITANTES PARA DESBLOQUEAR SEU POTENCIAL
Cornélio Batista — 64

9 CONEXÃO CORPO E MENTE
Cris Castro — 72

10 APRENDER COM MENTORES E MODELOS INSPIRADORES
Daniela Milani — 80

11 MENTE PLENA: O PODER DA ATENÇÃO NO PRESENTE
Diomário Ferreira — 88

12 APRENDIZADO AO LONGO DA VIDA (O SEGREDO DA MENTE DOS GRANDES MESTRES)
Erika Mello — 96

13 ACREDITE, ENFRENTAR E SUPERAR DESAFIOS É A CHAVE
Flavia Correia — 104

14 MENTALIDADE ANTIPROCRASTINAÇÃO
Gilberto Giba — 112

15 COMO APRENDER A LIDAR COM O FRACASSO E RECOMEÇAR
Hérica Cavalari — 120

O caminho da MENTALIDADE *extraordinária*

16 PERDOAR E RESSIGNIFICAR SUA HISTÓRIA É O INÍCIO DE UMA GRANDE EVOLUÇÃO! — Isabel Mendes — 128

17 A IMPORTÂNCIA DA CRIATIVIDADE E DA INOVAÇÃO — Jamile Soares Santos Rodrigues — 136

18 O PODER DA AUTOCONFIANÇA — Joelma Borges — 144

19 A HABILIDADE PARA O SUCESSO — Josy Pereira — 152

20 CULTIVANDO RELACIONAMENTOS SAUDÁVEIS E SIGNIFICATIVOS — Josyana Gomes — 160

21 A ARTE DA NEGOCIAÇÃO E A INFLUÊNCIA PERSUASIVA — Juliana Franconere — 168

22 DOMINE HABILIDADES: CRESÇA NA CARREIRA — Kelly Marques — 176

23 CULTIVANDO UMA MENTALIDADE POSITIVA — Lidiany Carvalho — 184

24 INTELIGÊNCIA FINANCEIRA: LIBERTE SEU POTENCIAL ECONÔMICO — Lilian Marreta — 192

25 A ARTE DA CONSCIÊNCIA: ENCONTRE O SEU VERDADEIRO EU — Marisa Garcia — 200

26 DA ADVERSIDADE À FORÇA: TRANSFORMAÇÃO DAS DORES — Mônica Morais — 208

27 GERENCIANDO O ESTRESSE E O EQUILÍBRIO ENTRE O TRABALHO E A VIDA PESSOAL — Rafael Fornari — 216

28 PARA COMUNICAR MELHOR, É PRECISO SER MELHOR — Renato Fraguas — 224

29 MÉTODO RTR: PARA QUEM LIDA COM GENTE — Rosana Viegas — 232

Prefácio

"O Caminho da Mentalidade Extraordinária" é um livro único, uma obra escrita por 29 autores diferentes, cada um trazendo sua perspectiva singular sobre como cultivar uma mentalidade que não apenas sobreviva, mas prospere nas diversas facetas da vida moderna. Este livro é um guia prático que visa equipar o leitor com ferramentas e insights necessários para uma vida mais harmoniosa e realizada.

A mentalidade extraordinária é uma habilidade que pode ser desenvolvida e aprimorada com prática e dedicação. Ao compartilhar suas experiências e seus conteúdos, os autores demonstram como a mentalidade certa pode ser um fator decisivo em diversos aspectos da vida, desde superar adversidades até alcançar o sucesso em empreendimentos pessoais e profissionais.

Cada capítulo deste livro aborda uma dimensão diferente da mentalidade extraordinária. Alguns focam na importância da resiliência e da adaptabilidade em tempos de mudança, enquanto outros exploram como a autoconsciência e a inteligência emocional podem melhorar nossos relacionamentos e bem-estar. Através destas páginas, os leitores aprenderão como nutrir uma mentalidade de crescimento, como lidar com o fracasso de forma construtiva e como manter o foco e a motivação em face dos desafios.

"O Caminho da Mentalidade Extraordinária" não é apenas uma leitura inspiradora; é um convite à ação. Os autores incentivam os leitores a aplicarem princípios e técnicas discutidos no livro em suas próprias vidas. A mensagem central é clara: a chave para uma vida extraordinária reside em nossa capacidade de cultivar uma mentalidade que esteja alinhada com nossos valores, objetivos e aspirações.

O poder de uma mentalidade extraordinária não está apenas em conquistar grandes feitos, mas também em encontrar significado e satisfação nas pequenas coisas do dia a dia. Este livro demonstra que, ao cultivar uma mentalidade positiva e proativa, é possível transformar desafios em oportunidades e sonhos em realidade.

Os autores deste livro se uniram com um propósito comum: compartilhar o conhecimento e a sabedoria que adquiriram em suas jornadas. Eles acreditam firmemente que, ao mudar nossa maneira de pensar, podemos mudar nossas vidas para melhor. A jornada pode não ser fácil, mas os ensinamentos contidos nessa obra servirão como um farol, guiando-o através dos altos e baixos da vida.

Em nome de todos os autores, agradecemos por embarcar nesta jornada conosco. Que "O Caminho da Mentalidade Extraordinária" seja um companheiro valioso na busca por uma vida mais plena, mais rica e mais gratificante.

Rogério Vale – CEO da Editora Chave Mestra

Idec Educacional Brasil e Portugal

O caminho da

MENTALIDADE

extraordinária

alicemottaveigapsi

+55 (31) 98448-7559

Alice Motta Veiga

Alice Motta Veiga

Sou Alice, natural de Belo Horizonte, mãe de dois filhos que me proporcionam a oportunidade de crescer, mudar, aprender e amar.

Minha carreira sempre foi dedicada ao bem-estar emocional e mental das pessoas. Com mais de 27 anos de experiência, meu interesse é ajudar as pessoas na melhoria da qualidade de vida, no autoconhecimento e no crescimento pessoal.

Tenho especialização em sexologia clínica, gerontologia, transtorno de humor e neurociência do comportamento. No meu trabalho na clínica, utilizo a abordagem Cognitiva Comportamental, mais especificamente com a TCCI, padrão ouro para tratamento de insônia. A escolha do sono para ser meu objetivo de trabalho veio da tamanha importância que ele tem nas nossas vidas, pois, quando não dormimos bem, podemos desenvolver ou facilitar o aparecimento de problemas de saúde tanto físicos como mentais.

01 O SONO COMO UMA FERRAMENTA PARA O SUCESSO NA SUA VIDA

Por Alice Motta Veiga

O sono é uma necessidade fundamental para todos os seres e por muito tempo achava-se que, durante o período em que estávamos dormindo, nada acontecia, era um momento perdido. Foi daí que veio a crença de que as pessoas estariam perdendo tempo ao dormir. Pensava-se que dormir era como um interruptor, ligar e desligar nosso cérebro enquanto dormimos. Hoje sabemos que o sono está relacionado com nossa capacidade de aprendizado, nosso humor, nossa tomada de decisões, nossa saúde física e também a doenças mentais.

Durante o sono, ocorre a consolidação da memória, a recuperação dos nossos tecidos corporais, o crescimento, reparação das nossas células e até o desenvolvimento da nossa imunidade. O bom sono deve acontecer naturalmente e, geralmente, em intervalos regulares de tempo, respeitando um ciclo de aproximadamente 24 horas, chamado ciclo circadiano, sendo que, durante o sono, estamos menos suscetíveis aos estímulos externos do que quando estamos acordados, ou seja, em vigília, quando estamos mais responsivos.

É aí que entra o ciclo circadiano, que é uma espécie de relógio interno que controla várias funções, como a produção e a liberação de hormônios, nossa temperatura corporal, a sensação de fome, vigília e o sono. Esse ciclo tem cerca de 24 horas e é fortemente influenciado pela luz natural, que possui um papel fundamental na sua regulação. Quando a luz do sol, através dos nossos olhos, é percebida pelo cérebro, ela chega no hipotálamo e sinaliza para nosso corpo que já está na hora de acordar e ficar alerta. Com o pôr do sol e a falta da luz, a escuridão faz o papel inverso e nosso corpo entende que já está na hora de nos prepararmos para dormir.

Esta luz captada pela nossa retina é transportada através do nosso nervo óptico com a seguinte informação para nosso núcleo supraquiasmático: está na hora de parar de produzir a melatonina. A melatonina é um hormônio que é produzido no escuro e ele dá início ao processo de sono. Se não temos uma correta exposição à luz, esse ciclo claro e escuro fica todo descoordenado.

No mundo atual, enfrentamos um enorme desafio, pois temos no nosso ambiente a luz artificial. Estímulos externos como a luz e o barulho não facilitam o nosso desligar e ficamos alertas por mais tempo, e assim atrasamos a hora de dormir. O resultado é um desajuste crescente: cada dia dormimos mais tarde, acordamos e temos que ser produtivos, nos cobramos cada vez mais, demandamos entregar o máximo e deixamos o sono de lado, ficando cada vez mais privados de sono e podendo desenvolver problemas como a insônia.

Conviver em ambientes iluminados até tarde e o uso intenso dos dispositivos eletrônicos que fazem parte da nossa rotina diária emite uma quantidade considerável de luz que inibe a produção correta da melatonina, afetando, assim, nossa transição do estado de alerta para o sono. Essa exposição constante à luz, principalmente à luz azul, traz impactos significativos para o nosso ciclo circadiano.

O nosso sono não é um bloco uniforme, ele é dividido em algumas fases que se repetem ao longo da noite. Então dizemos que há uma "arquitetura do sono". Ele se divide em estágios que são chamados de sono não REM (*Rapid Eye Movement*) e sono REM.

O sono não REM é dividido em 3 fases:

- **N1**: estágio inicial de sono, onde você se encontra entre a vigília e o sono e tem uma curta duração. Neste momento nossos músculos começam a relaxar.
- **N2:** estágio considerado sono leve, onde há uma diminuição de atividade cerebral. Neste momento acontece a consolidação da memória e começa a nossa recuperação do cansaço.
- **N3:** estágio de sono profundo ou sono de ondas lentas. É nessa fase do sono que ocorre restauração física e crescimento. É aqui que acontece o crescimento, a renovação de células e o reparo muscular. Ainda nesta fase, hormônios importantes são liberados.

Depois dessas fases do sono, vem o tão conhecido sono REM, aquele que está associado ao movimento rápido dos olhos e onde há uma atividade cerebral semelhante ao nosso estado de vigília. É quando acontece o processamento emocional e cognitivo.

Diversos fatores podem influenciar o sono. A alteração no padrão de sono de forma persistente pode levar a pessoa a consumir mais bebidas alcoólicas e substâncias estimulantes, como o café e refrigerantes; acarreta maiores dificuldades de aprendizado; aumenta o risco de obesidade; e ainda piora o humor. Uma pesquisa na Universidade do Arizona, em 2017, mostrou que uma hora de *JetLag* Social (JLS) provoca um aumento de 11% na probabilidade de desenvolver problemas cardíacos. O *JetLag* Social é quando há uma grande variação entre os horários de sono da semana e do final de semana.

Então, vamos aprender a dormir melhor?

Muito se fala sobre este assunto, porém nem sempre da forma correta e com as informações que deveriam ser passadas. Em todo lugar aonde vamos, vemos alguém falando sobre a noite maldormida, da dificuldade em pegar no sono, das madrugadas em claro. Receitas mirabolantes de como dormir bem ou como dormir melhor, receitinhas da vovó compartilhadas, indicações de remédio que os amigos usaram e resolveram o problema, mas o que talvez você não saiba é que a mudança de hábito e a terapia cognitivo-comportamental para insônia, a TCCI, é a melhor forma de se tratar a insônia. Ela supera os fármacos em eficácia e em possibilidade de recaída de quadro, ou seja, funciona mais e diminui as chances de você novos episódios de insônia, e é aí que entra a higiene do sono.

A higiene do sono é o preparo que fazemos para que o nosso corpo reconheça que é chegado o momento de parar e descansar. Sem estas dicas que se iniciam a partir do momento em que acordamos, o sono não conseguiria cumprir suas funções. Ela é uma série de comportamentos, hábitos que nos ajudam a promover um sono saudável e de qualidade. Esses comportamentos visam criar um ambiente propício para uma boa noite de sono e incluem rotinas que ajudam a regular o relógio biológico, facilitando o adormecer e melhorando a eficácia de nosso descanso noturno. Ela abrange diversos aspectos os quais vou descrever logo a seguir. Essas práticas não estão descritas em uma ordem específica e, em alguns casos, não se aplicam para todas as pessoas, mas são fundamentais para garantir que o sono cumpra sua função vital de restauração física e mental.

Então, vamos ao passo a passo bem detalhado de uma boa higiene do sono:

- busque perceber seu corpo quando acorda, como em um exercício de autoconhecimento. Perceba como você está acordando;
- a cama só tem duas funções: dormir e fazer sexo. Não queremos que o nosso cérebro associe a cama a nada além disso. Se você trabalha, assiste TV, lê na cama, seu cérebro fica confuso e não associa cama com dormir;
- exponha-se à luz natural sem óculos escuros, mesmo se o tempo estiver nublado. Neste caso, fique um pouco mais de tempo na janela ou do lado de fora de casa para que esta luz comunique ao seu cérebro que o dia já começou;
- faça uma refeição pela manhã. Quando o alimento chega ao estômago, temos que produzir sucos gástricos e então temos mais uma pista para nosso relógio biológico de que é dia e hora do alerta. Sobre as refeições, também é interessante manter um horário regular delas;
- tenha uma rotina de treinos, faça atividades física, dê preferência no mesmo horário, pois isso vai cansar seu corpo, o que facilita o sono. Atividade física é diferente de exercício físico. O ideal é um exercício físico, que contemple exercícios aeróbicos e de musculação, mas, se não puder, não perca a oportunidade de fazer qualquer atividade física;
- se você tem problemas para pegar no sono à noite, não tire a soneca depois do almoço. Isso pode reduzir a pressão do sono e atrapalhar ainda mais. Porém, se você não tiver problema, pode tirar a soneca, contanto que ela não seja muito demorada nem muito tarde (entre 5 e 30 minutos de duração e por volta do meio-dia, ok?);
- consuma cafeína até, no máximo, 15 horas. Cuidado! A cafeína está presente em refrigerantes, alguns chás, chimarrão e até mesmo no chocolate. Toda substância estimulante deve ser evitada;
- tenha uma rotina da noite que te ajude a ir relaxando. Faça as atividades que demandam mais foco e alerta assim que você chega do trabalho, deixando as mais monótonas mais próximo da hora de ir para cama, assim você vai reduzindo seu alerta e sinalizando para seu corpo que a hora de dormir está chegando;

- evite luz azul ou branca depois do pôr do sol. Se você precisa de estar com telas, use filtro ou até mesmo óculos com filtros de luz azul;
- organize seu dia seguinte. Ter uma agenda onde você coloca tudo que tem de obrigações ajuda a reduzir a ansiedade. O que não queremos é um monte de preocupações aparecendo na nossa cabeça assim que nos deitamos na cama, não é mesmo?;
- tenha um horário fixo para dormir e acordar. Para criar um hábito, é preciso disciplina, então busque dormir e acordar nos mesmos horários até mesmo nos finais de semana e feriados;
- não olhe as horas, caso você acorde no meio da noite. Este comportamento pode ativar seu estado de alerta e o sono vai embora;
- evite o uso de bebidas alcoólicas antes de dormir. O álcool é um bom indutor de sono, mas um péssimo mantenedor. Essa é uma péssima ideia e destrói o dia seguinte;
- observe a temperatura do seu quarto. Ele deve estar mais frio, ventilado e escuro. Você pode usar alguns apetrechos como cortinas blackout, um tapa-olhos e até tampão de ouvidos ou caixinha de ruído branco, no caso de barulho;
- seu quarto deve estar organizado, sem muitas informações, pois elas acabam por nos estimular e isso pode, sim, afetar seu descanso;
- desconecte-se dos eletrônicos pelo menos uma hora antes de ir para a cama. O ideal seria até um pouco antes, mas se você conseguir ficar longe do telefone uma hora antes de dormir, você já é um vencedor!

Adormecer é um comportamento, e tudo que fazemos ao longo do dia influencia nosso sono. Cerrar os olhos não é um ato sem grande significado, mas uma preparação consciente para o que te aguarda no próximo amanhecer.

"O sono é inegociável."

Alice Motta Veiga

amandabrito.oficial

+55 (18) 99126-3285

AmandaBritooficial

Amanda Brito

Sou Amanda Brito, natural de Araçatuba, interior de São Paulo, e tenho um lar cheio de alegria e amor com meu companheiro de vida, Mateus Agostinho, e nossos três gatinhos, Pepeu, Cotoco e Theo.

Sou formada em Administração de Empresas, empresária há mais de 10 anos e pioneira do acessório quântico no Brasil. Atuo também como terapeuta e mentora, principalmente de mulheres que buscam viver uma vida mais leve e magnética.

Criei a metodologia Mada para me ajudar a liberar traumas do passado e a limpar feridas emocionais que me impediam de viver uma vida que realmente fizesse sentido para mim e que alegrasse meu coração.

Hoje, somos milhares de madinhas ao redor do mundo, vivendo uma vida mais equilibrada, com leveza e felicidade. Então, acredite. Você também pode escrever uma nova história. Uma ótima viagem nesta leitura!

02 RELACIONAMENTOS SAUDÁVEIS: A BASE PARA UMA VIDA EXTRAORDINÁRIA

Por Amanda Brito

Meu pedido para você, nesta leitura, é que abra seu coração para ir além do que falo em palavras. Talvez seja seu chamado para a mudança que você vem tanto pedindo para a sua vida.

Abra-se para receber além de teorias e exercícios práticos. Sua alma te trouxe até aqui. Como digo nas minhas mentorias e treinamentos: esvazie seu copinho, abaixe suas barreiras e permita-se uma mudança de, pelo menos, 1% neste capítulo. Não se apresse e esteja presente nessa jornada que irei te guiar e leve esse conhecimento para a sua vida.

Para muitos, a felicidade é uma passagem de avião, uma certidão de casamento ou uma carreira de sucesso, e eu conquistei tudo isso.

Empresária, terapeuta conhecida no mundo todo, um ótimo casamento, com um marido gentil, companheiro e amoroso, tinha a vida perfeita, o sonho de muitas mulheres. Mas, mesmo vivendo tudo isso, eu não me sentia feliz. Um vazio continuava existindo dentro de mim.

No passado, antes de conquistar tudo isso, tive uma família muito humilde, havia vivido ciclos de relacionamentos abusivos, era uma mulher insegura, tinha medo de ficar sozinha, com uma recorrência de trabalhos nos quais não me sentia realizada, sempre me doava e me diminuía para ser aceita e receber um pouquinho de amor, carinho e atenção em todas minhas relações. Eu já estava perdendo a esperança de que pudesse existir alguma saída. Não tinha nenhuma inteligência emocional e estava mergulhada em traumas do meu passado, porém, nunca tinha tomado consciência disso.

Mas o meu corpo me dava sinais todos os dias. Minha vida era palco de crises de ansiedade, enxaqueca crônica, gastrite, dores no corpo, síndrome do pânico entre outros inúmeros diagnósticos que eu acumulava dia após dia, mas eu os ignorei. Remédios, excesso de trabalho e bebida alcoólica eram meus aliados diários para lidar com tudo isso. Parecia ser minha única saída. Não entendia que tudo isso era o meu corpo me pedindo socorro, tentando me mostrar que eu não estava sendo gentil comigo mesma e que estava vivendo uma vida sobrecarregada, exausta e sem sentido para mim.

Está se identificando com esta história ou conhece alguém que vive assim? Desejo com este breve capítulo trazer luz para sua vida, assim como eu encontrei o meu próprio farol dentro de mim. Vou te pedir neste momento que pare e respire com presença. Esse já é o começo de um melhor relacionamento com você mesma. Confie no processo.

Enfim, o meu foco era sempre o bem-estar do outro e resolver o problema de todos ao meu redor, mas, com isso, acabava esquecendo das minhas próprias vontades e da minha própria vida. Eu era a amiga conselheira, a mulher disponível para todos, não sabia dizer não para ninguém, vivia no controle de tudo, mas me esquecia que também precisava de cuidado e que tinha sonhos a serem realizados, embora, no fundo, sentisse uma certa raiva por estar sempre disponível para todos e, quando eu precisava, parecia que não estavam disponíveis para mim. Não existia um equilíbrio entre doar e receber nas minhas relações. Eu me doava a ponto de cortar partes de mim sem perceber. Mas, calma, que logo você vai entender o porquê disso tudo e como mudei essa história.

Você deve estar se perguntando agora: Mas, Amanda, depois de viver tudo isso, por que não conseguia se sentir feliz com toda a vida incrível que conquistou?

E eu te respondo com veemência: só reconheci que algo não estava certo quando, em uma das minhas viagens para Paris, uma viagem que deveria ser dos sonhos, eu me deparei em um restaurante tomando remédios para digestão, ansiedade e não conseguia relaxar nem me desligar do trabalho. Vivia em alerta e tendo que ser útil de alguma forma. Descansar era como um pecado. Envolvia muita culpa descansar.

Foi aí que começou meu processo de autoconhecimento. Iniciei uma jornada de estudos e fui aplicando na minha vida através de formações nacionais e internacionais que me deixaram apaixonada por me conhecer e pela sensação de leveza e alegria que eu nunca havia experimentado. Foi aí que me tornei terapeuta, levando isso mundo afora.

Em 2019, tive um divórcio amigável, me sentia livre e pronta para seguir criando uma nova história e, finalmente, me apropriar da vida feliz e leve que eu sabia que estava disponível para mim. Comecei um novo relacionamento que parecia cheio de paixão, cumplicidade e diversão. Levávamos consciência para outras pessoas, o dinheiro chegava cada vez mais na minha vida, enfim, mais um verdadeiro sonho acontecendo na minha vida, e foi aí que me reconheci em outro relacionamento abusivo. A história estava se repetindo novamente, agora com outra pessoa.

Fiquei completamente sem chão. Como assim, eu, terapeuta, com tanta bagagem de autoconhecimento e consciência, estava passando por isso novamente? Como assim, eu não estava imune a isso definitivamente, mesmo tendo passado por tantos processos, utilizando tantas ferramentas diariamente que me faziam pensar mais positivo e ser mais otimista todos os dias? Fazer mantras, afirmações e perguntas para o universo era meu ritual diário. Foi então que percebi que, para viver a vida dos meus sonhos, eu tinha que trabalhar minha relação comigo mesma.

Criando um relacionamento saudável com você mesma

Viver uma vida extraordinária e ter relações saudáveis é muito além de pensar positivo. Você precisa limpar registros inconscientes da infância; sentir e liberar dores escondidas; reconectar-se com a sua criança interior; amar-se e aceitar-se profundamente; ter coragem de seguir o chamado do seu coração; ter resiliência para suportar o processo; aprender a confiar na inteligência divina e desapegar do eu do passado.

Como diz o escritor Joseph Campbell, "a caverna que você tem medo de entrar guarda o tesouro que você procura".

Percebi, nesses "mergulhos", que, nos meus relacionamentos, eu, no fundo, buscava turbulências. Eu acreditava inconscientemente que aquilo era amor. Amor deveria gerar insegurança, ciúmes, controle, e era isso que eu atraía. Afinal, nosso cérebro sempre busca o familiar, tudo aquilo que crescemos vendo ou trazemos na nossa bagagem emocional e da nossa ancestralidade, e a regra é clara: atraímos o que vibramos, e não o que queremos. O que cria a nossa vida é tudo que está escondido e que não vemos. Como diz Carl Gustav Jung: "até você se tornar consciente, o inconsciente irá dirigir sua vida, e você vai chamar isso de destino".

E, nesse processo que se tornou o Método Mada, me reconheci codependente. Em resumo, aprendi a ter perto de mim pessoas que dependam de mim e que eu precise cuidar. Um vício assim como o da bebida, eu era viciada em salvar pessoas, uma resolvedora de problemas, e assim me sentia necessária e útil. Agora você consegue entender que ter uma vida leve e sem alguém que me trouxesse problemas era um tanto chato e sem adrenalina para mim? Era totalmente diferente da minha infância e da vida das mulheres que vieram antes de mim. Uma criança ferida estava presente demais na minha vida adulta, e isso não me permitia prosperar. No fundo, esperava, ainda, que alguém me salvasse e continuava buscando pessoas para alimentar essa necessidade inconsciente de ser a salvadora. Pessoas assim se tornam pais e mães dos próprios relacionamentos, e assim reconheci justamente por qual motivo não havia me tornado mãe. Eu já era mãe dos meus pais, do meu irmão e até mesmo dos meus amigos.

Então agora te pergunto: Criança se relaciona? Trabalha? Ganha dinheiro? Tem filhos? Não, pois isso é papel de adultos, entretanto, eu era uma menina de 30 anos tentando sobreviver no mundo dos adultos. Não sabia receber da vida. Estava fora do meu lugar de força.

Reprogramando esses registros inconscientes que carregamos antes mesmo do nosso nascimento, aprendemos a nos amar e a nos priorizar, sendo para nós tudo que a nossa criança ainda busca inconscientemente dos nossos pais. É assim que mudamos as histórias que repetimos inconscientemente da nossa família. Como diz Bert Hellinger, "somos mais leais do que livres", mas a boa notícia é que somos criadores da nossa própria realidade. Nada nos acontece. Criamos tudo.

E, para criar, viver e sustentar a vida dos nossos sonhos, é necessário trabalhar todos os mundos que habitam em nós: corpo, mente, emoções e o espiritual, para, finalmente, a menina e o menino se tornarem a mulher e o homem diante de todas as relações da vida.

Por isso, muitas vezes você deseja melhorar a relação com sua saúde, dinheiro, seu corpo e seus relacionamentos, mas uma força não te permite agir para alcançar esses objetivos. Isso cansa e frustra, não é? Mas, lá no seu inconsciente, pode não existir uma permissão para viver uma vida diferente dessas histórias gravadas em você.

Fazendo esse movimento, que é tão lindo e libertador, uma confiança interna pode florescer e mover você a ir além de qualquer história de dor e sofrimento do passado, acessando a real prosperidade e abundância que habita dentro em você. Com isso, o externo tem forças para crescer e dar frutos, e você se sentirá merecedor e realizado. Você se torna magnético de realizações grandiosas. A vida flui.

Entenda, *"lindeuses"*: a real mudança não é racional. Mergulhe com amor na sua história.

Antes de querer conquistar o mundo externo, faça as pazes com o seu mundo interno. Dentro de você existem todas as respostas que você tanto busca. Como digo no método Mada: a transformação através do amor nos cura e nos liberta. Somos puro amor. É isso que buscamos o tempo todo.

Um breve mergulho com a sua criança interior

Feche seus olhos e respire. Traga você criança à mente. Observe a idade que ela se apresenta para você. Olhe para ela com amor e pergunte: O que você precisa hoje? Abra seu coração para receber essa resposta. Ela te dirá. Em seguida, diga para ela, do fundo do coração: você é amada; você está segura e agora pode confiar na vida. Abrace-a com amor.

Ao finalizar, pergunte-se mentalmente ou em voz alta, quantas vezes sentir necessário: Como posso me preencher de mim todos os dias?

Respire fundo e receba disso. Espero por você para me contar como foi esse movimento e experiência. Vou amar saber que estamos juntos nesta jornada. Gratidão por estar aqui.

“O caminho é sempre para dentro, afinal, a transformação através do amor nos cura e nos liberta. Este é o método Mada.”

Amanda Brito

anadabe.psicoterapeuta

+55 (73) 99943-8872

ana.desenvolvimento@hotmail.com

Anadabe Fernandes

Sou Anadabe Fernandes, resido em Teixeira de Freitas, no interior da Bahia, há 12 anos, onde formei minha linda família: meu esposo, Eder, meu apoiador e companheiro, e minhas duas filhas, Helena e Maitê, os grandes motivos de minha transformação.

Sou psicoterapeuta TRI (Terapia de Reintegração Implícita), pós-graduanda em neurociências, professora, palestrante, treinadora comportamental e mentora. Já ajudei mais de mil pessoas a resolverem seus conflitos emocionais e se desenvolverem através do autoconhecimento.

Conheci o mundo do desenvolvimento humano no meu pior momento, quando todas as áreas de minha vida estavam caóticas e eu me sentia no fundo do poço, mas foi vivendo e resolvendo tantos emaranhados emocionais que dei minha maior guinada e construí bagagem para auxiliar tantas pessoas em seus próprios caminhos de mudanças.

03 A IMPORTÂNCIA DA SAÚDE MENTAL E DO AUTOCUIDADO

Por Anadabe Fernandes

Lembro-me como se fosse hoje. Eu estava com 23 anos, sentada na plateia para assistir a uma palestra enquanto passava pela pior tempestade de minha vida.

Eu estava um caco emocionalmente. Com crises de pânico no trabalho, nutrindo relacionamentos negativos, insatisfeita com minha carreira, no pior momento financeiro e com um péssimo autoconceito. Eu não sabia quem eu era, do que gostava e por isso me depreciava gerando os resultados que nunca quis ter.

Aquela palestra era para mim. Cada palavra, cada dinâmica, tudo parecia me arrancar vendas dos olhos. Era o meu primeiro contato com o desenvolvimento humano e foi o suficiente para saber que aquilo era o que eu mais precisava: cuidar de minha saúde mental e recalcular a rota da minha vida. Eu já estava pronta para as mudanças, por que hoje costumo dizer: o desenvolvimento chega para quem está pronto para ele, e até hoje me pergunto o que seria de mim se precisasse pagar o preço tão alto da ignorância emocional.

Desde então se passaram 8 anos, converti minhas maiores dores em recurso e ajudo muitas pessoas através da terapia breve. O bem-estar emocional e o autocuidado são importantes para te fazer, de fato, viver apreciando a jornada da existência, e não apenas sobrevivendo esperando seus anos de vida acabarem. Por isso, de uma forma objetiva e esclarecedora, vou te mostrar 5 maneiras para construir uma mente muito mais forte e poder ter uma vida muito mais produtiva, saudável e feliz.

Todos nós conhecemos alguém que sofre pela falta de saúde mental. Não é difícil nos depararmos com pessoas que dizem não aguentar mais sofrer de ansiedade, depressão, compulsão ou que dizem se sentir extremamente insatisfeitas em suas relações pessoais, com seus trabalhos e com o modo de vida que possuem. A verdade é que numa sociedade que endeusa a alta performance e aonde as informações chegam de maneira cada vez mais rápida, nós nos tornamos cada dia mais desconectados de nós mesmos e vivemos numa bolha onde há baixíssima autocompaixão (e aqui não me refiro a autocomiseração), extrema autocobrança e pouca percepção de quem realmente somos e gostamos porque, no final, só desejamos nos sentir aceitos por alguns grupos sociais.

De acordo com a Organização Mundial de Saúde, saúde mental é um estado de bem-estar no qual a pessoa é capaz de usar suas próprias habilidades, recuperar-se do estresse rotineiro, ser produtiva e contribuir para a comunidade.

Saúde mental não é apenas a ausência de doenças mentais ou psicodiagnósticos, isso porque estar emocionalmente bem vai muito além de não precisar de medicamentos, tratamentos ou terapia, mas refere-se ao bem-estar integral onde o sujeito pode nutrir relações positivas tendo a capacidade de resiliência diante dos desafios da vida, entendendo seus limites físicos e emocionais, tendo a percepção do que sente e conseguindo administrar bem seus comportamentos diante disso.

Ter saúde mental significa ter qualidade de vida, bem-estar psicológico e capacidade de movimentar-se em todas as áreas da vida com autonomia emocional, e aqui me refiro a liberdade de tomar decisões e alterar padrões de comportamento e pensamentos encontrando seu próprio caminho de equilíbrio na vida.

Todos nós desejamos ter uma mente forte, mas a maioria de nós não sabe exatamente o que isso significa e acaba se perdendo nas filosofias dos gurus que dizem que sua mente comanda seu corpo, e ser sempre positivo é o caminho do seu sucesso pessoal. Eles te ensinam que existem emoções ruins, que tristeza, raiva e medo devem ser evitados e que o sucesso e a vida plena existem desde que você saiba controlar tudo o que sente, mesmo que seu comportamento seja incoerente com o que está dentro de você.

Enquanto isso, as pessoas estão cada dia mais desconectadas de si mesmas, fogem de suas emoções, cuidam pouquíssimo da saúde física porque não compreendem o quanto ela influencia no bom funcionamento de sua saúde mental, permanecem numa constante luta contra seus estados naturais e se sentem culpadas pela inadequação a tudo o que aprenderam.

O autoconhecimento profundo é um grande passo para estabelecer saúde mental, e promover uma mente forte só é possível se você entender exatamente o que isso significa.

Seu cérebro é um órgão vivo, arquitetado há milhões de anos para te manter vivo em meio a inúmeros perigos, e ele sabiamente reage ao mundo externo através de sua neuroquímica de maneira involuntária e não controlável. São suas emoções acontecendo enquanto você recebe os estímulos externos. Sua mente é exatamente tudo isso acontecendo de maneira simultânea, é seu cérebro percebendo o mundo a sua volta, é a orquestra sinfônica atuando dentro de você. Assim como força está para músculo, a mente está para o cérebro, é ele próprio funcionando e operando.

Falar de saúde mental é falar da importância de entender que essa mente não é algo abstrato, mas é o próprio órgão trabalhando e que um fator isolado não garantirá que você alcance esse bem-estar já que estamos nos referindo a estruturas físicas que dependem de muitos fatores para o seu bom funcionamento. Foi por isso que elenquei para você, querido leitor, cinco maneiras de se cuidar e estabelecer de uma vez por todas esse equilíbrio tão almejado.

1. Você não precisa estar sempre bem

Eu sei que isso é estranho. A cultura nos ensinou a demonizar processos químicos naturais que são apenas respostas ao mundo que nosso corpo percebe. São poderosos mensageiros, que, se escutados, podem nos entregar informações importantes sobre nós mesmos.

Aprendemos com a sociedade que é errado sentir emoções como tristeza, raiva, medo. Talvez você até já tenha escutado "Menino de Deus não sente raiva" ou "Mamãe não gosta de te ver triste" ou até "O medo é para os fracassados". Mas não há nada de errado com nossas emoções, elas só estão ali para nos proteger do perigo.

Haverá dias ruins, alguns deles serão nublados e vão demorar para passar, mas aproveite para aprender enquanto vive. Você não precisa fingir que tudo está bem quando não estiver, permita-se escutar seu corpo, pausar quando for preciso e recomeçar.

2. Seu corpo é seu templo

A sua mente está em seu corpo, e você só consegue se perceber por que ela existe. Ela não é mais forte que seu corpo, mas é ele próprio em funcionamento.

Somos seres biopsicossociais que dependem do bom funcionamento biológico para produzir aquilo que lhe é necessário para manter-se saudável.

Atividade física, práticas de relaxamento, respiração e uma alimentação saudável te ajudarão a reduzir o estresse e melhorarão o seu humor, te trazendo mais disposição, autoestima e autorregulação.

Com a atividade física, você aumenta seus níveis de serotonina, dopamina, noradrenalina, diminui a inflamação corporal, melhora a resposta imune, e isso reflete diretamente em seu sistema nervoso.

Quem cuida de seu corpo inevitavelmente também se relacionará com pessoas mais saudáveis e, como um efeito dominó, constroem um ambiente melhor.

Ter uma mente forte é também mudar todo o conjunto neuroquímico que acontece dentro de você, e isso é possível cuidando do seu corpo.

3. Aprenda a parar

Nunca se falou tanto em produtividade. Estamos afundados em conceitos que são maravilhosos, mas que, se mal-interpretados e carregados de crenças, destroem quem não possui o mínimo de questionamento.

Ser produtivo é também aprender a parar quando for necessário para abastecer-se, energizar-se e ter a capacidade de continuar.

Assim como um carro não anda sem combustível, seu corpo não produz sem energia. Você precisa ter tempo para recarregá-la. Descanse.

O cérebro humano depende de pausas para processar informações com maior qualidade. O ócio é lugar de aprendizado. A monotonia cria o ambiente da consolidação de tudo o que você aprendeu. Por isso, depois de muito trabalhar ou estudar, separe tempo e passeie com seu cachorro, dê voltas na praça, saia com alguém que você gosta, faça uma meditação, ore, viaje, converse sobre a vida.

4. Cuidado com o aquário em que você nada

Um peixe não pode estar limpo num aquário sujo. Seu ambiente importa! Vou chamar de ambiente tudo aquilo que está a sua volta. Seus relacionamentos, sua casa, seu trabalho...

Já percebeu que, depois daquela faxina em casa, experimentamos uma sensação deliciosa de paz? É que nosso cérebro sabiamente responde a tudo o que chega até ele através de química, emoções e sensações.

Ter um ambiente calmo, saudável, limpo, organizado e equilibrado é um grande favor que você faz a sua saúde mental. Observe se talvez você não precisa romper com relacionamentos tóxicos que destroem sua autoestima, mudar de grupos que tanto se esforça para participar ou até se não precisa arrumar sua casa, suas gavetas, limpar seu carro e organizar pendências pessoais.

Um ambiente saudável diminuirá sua ansiedade natural e promoverá uma ótima sensação de bem-estar.

5. Mergulhe dentro do seu oceano

Quem pouco se conhece é como um cego num caminho que não sabe para onde vai.

A sua história é como um mar que carrega preciosas informações que podem te trazer sucesso ou fracasso. Você vai precisar mergulhar fundo para entender que os resultados que você tem tido já revelam a forma como você está adaptado e como tem construído sua realidade. O autoconhecimento é a única maneira para desbravar seu próprio oceano e enquanto não olhar para si mesmo e tratar suas feridas, continuará tentando em vão mudar de maneira superficial seu comportamento.

Invista em desenvolvimento pessoal, faça terapia quando perceber que já não consegue sozinho resolver suas questões internas, esteja atento aos sinais que seu corpo dá, vá fundo dentro de você e se permita ser ouvido por um profissional que poderá te guiar de maneira segura em busca desse estado de bem-estar integral.

“O desenvolvimento chega para quem está pronto para ele.”

Anadabe Fernandes

angelicasilveira10

+55 (32) 99966-1727

angelsjn10@hotmail.com

Angélica Silveira

Sou Angélica Silveira da Costa, natural de São João Nepomuceno, Minas Gerais, onde resido com minha família: meu esposo Jonatas; meu filho, Théo Francisco, nossa herança; e meu pai, Braz.

Sou Life Coach, Mentora de Desenvolvimento Pessoal, com pós-graduação em Inteligência Emocional e Gestão de Pessoas e Liderança e criadora do Método IMC InteligenteMente Capaz.

O desenvolvimento humano e o empreendedorismo sempre estiveram presentes na minha vida, como na forma de pensar e agir, uma grande paixão.

Iniciei no ramo da alimentação e fast food há 8 anos e, hoje, ajudo pessoas e empresas a se desenvolverem pessoalmente e a galgarem maiores resultados pessoais e profissionais.

Quero impactar vidas e ver a mudança acontecer. Essa é a minha maior satisfação!

04 EDIFICANDO A MENTE E CONSTRUINDO UM LEGADO

Por Angélica Silveira

No vasto universo das nossas vidas, existe um capítulo cujas páginas permanecem em branco, prontas para serem preenchidas com histórias extraordinárias. Este capítulo é aquele que traça o curso de nossos destinos, o alicerce dos nossos feitos e o legado que deixamos para as gerações futuras.

A mente humana é uma das maravilhas mais complexas do mundo, uma força capaz de criar, destruir, inspirar e transformar. O meu maior desejo aqui é inspirar você a edificar uma mente forte e sólida, capaz de transformar sonhos em realidade, vencer barreiras, conquistar o improvável e construir um legado memorável.

Na mente, nascem os sonhos e as ideias, é onde floresce a nossa capacidade de moldar o nosso futuro. Agora, te convido a mergulhar fundo nas águas profundas do pensamento, na construção de uma mente resiliente e na forja de um legado que será extraordinário.

Alicerces sólidos

Em tempo antigos, há uma passagem bíblica que nos fala sobre um homem sábio que construiu sua casa sobre a rocha (Mateus 7:24-27). As tempestades vieram, mas a casa permaneceu firme. Uma mente forte é como uma casa construída sobre a rocha, ela é resistente às tempestades da vida e às adversidades que surgem no caminho.

No entanto, à medida que construímos nosso legado, enfrentamos desafios. Às vezes, somos tentados a seguir caminhos mais fáceis e a construir sobre a areia.

Como uma arquitetura bem planejada, a mente é o projeto mestre que guiará todas as nossas ações e decisões. Na construção da mente, encontramos a chave para o nosso potencial ilimitado.

A mente é um campo de batalha, onde podemos vencer ou ser derrotados, dependendo de como a edificamos. Como construtores das suas próprias mentes, devemos estar cientes das escolhas que fazemos, das crenças que nutrimos e das práticas que adotamos.

Quais escolhas você tem feito para edificar a sua mente?

Você está construindo sua mente na rocha ou na areia?

Dessa forma, está conseguindo enfrentar as tempestades da vida?

Depois de responder a essas questões, continue.

Assim como a estrutura da minha mente já foi abalada, acredito que a sua também, talvez por desafios, incertezas, perdas e as muitas tempestades que enfrentou. É nesse momento que a solidez dos alicerces que construímos se revela. Imagine sua mente como a base de uma fortaleza, e essa fortaleza é construída sobre a rocha sólida de valores, princípios e fé.

Os alicerces sólidos são como colunas que sustentam nossa jornada. Eles oferecem estabilidade quando os ventos da dúvida sopram e quando as chuvas da adversidade caem sobre nós.

Olhe para dentro de si e descubra quais são os princípios que guiam sua vida. Eles são as pedras angulares que suportam sua fortaleza mental.

A mente fortalecida com alicerces sólidos é resistente. Assim como uma construção sólida suporta os abalos, uma mente bem fundamentada é capaz de enfrentar as tormentas da dúvida, angústia e do medo. Ela é um refúgio de paz e segurança em meio ao caos.

Este é um chamado a ação. É hora de refletir sobre os alicerces que você está construindo em sua própria mente. Eles são rochosos e inabaláveis ou frágeis como a areia?

Escolha construir uma fortaleza que resista às tempestades da vida e que se torne um farol de inspiração para todos ao seu redor.

Os alicerces sólidos não são um luxo, mas uma necessidade. Eles nos conduzem por caminhos de confiança, realização e legado duradouro. Quando você escolhe construir sobre a rocha da integridade e dos princípios, você está escolhendo uma vida de significado, estabilidade e impacto que ecoará através das gerações.

"Todo aquele, pois, que ouve estas minhas palavras e as pratica será comparado a um homem prudente que construiu a sua casa sobre a rocha; e caiu a chuva, transbordaram os rios, sopraram os ventos e deram com

ímpeto sobre aquela casa, que não caiu, porque fora edificada sobre a rocha." (Mateus 7:24)

Acredite em você

Você é o protagonista da sua história, se você não acreditar nela, quem mais vai?

Nas primeiras palavras deste capítulo, dissemos que nossa mente é uma arquitetura, e quem é o arquiteto? Isso mesmo que você pensou! Você! Você é o construtor da sua mente extraordinária.

Acreditar em si mesmo é mais do que uma simples afirmação, é uma declaração de confiança no potencial inexplorado que repousa em seu interior. Cada sonho que acalenta, cada meta que traça é um voto de confiança na sua habilidade de transcender limites.

"Porque, como imagina em sua alma, assim é ele." (Provérbios 23:7)

O poder da crença começa no cerne do pensamento, moldando a realidade à medida que você a percebe.

O que você tem imaginado?

O que tem pensado?

Em que tem crido ou em quem tem crido?

Tudo começa na mente, todo sucesso ou toda derrota só depende de você!

Existem crenças que nos limitam, limitam nossos sonhos e projetos e acabam deixando nossa mente construída – Ops! Digo, destruída – em um monte de areia, enquanto por outro lado, as crenças fortalecedoras, que são pensamentos positivos e capacitadores, promovem uma mentalidade de crescimento e confiança.

Você pode começar a trocar algumas frases na sua vida:

- Eu não consigo por **eu consigo**;
- Sou incapaz por **eu sou capaz**;
- Não sou merecedor por **eu sou merecedor**;
- Já é tarde para começar por **sempre é um bom momento para iniciar;**
- Os outros são melhores que eu por **sou único e tenho qualidades valiosas.**

Cada passo adiante é um ato de fé na jornada que você está construindo!

Você precisa transformar esse obstáculo em meros desafios para impulsionar seu crescimento. Em vez de ver barreiras como impedimentos, descubra como cada desafio é uma oportunidade disfarçada para demonstrar sua resiliência e determinação. A autotransformação ocorre quando você escolhe ver além das dificuldades.

Uma história de superação que me chama muita atenção foi de Geraldo Rufino, um dos maiores empresários do Brasil. Rufino perdeu a mãe aos 7 anos de idade e, na época, abandonou a escola. Retomou os estudos aos 13 anos, por exigência do gerente do Playcenter, que o havia contratado para ser office boy.

Pouco a pouco, Geraldo foi conquistando suas coisas: aos 15 anos, adquiriu um Fusca, depois trocou o automóvel por uma Kombi, a fim de ajudar o irmão que prestava serviço para uma transportadora.

Por volta dos 25 anos, já tinha dois caminhões que utilizava para transportar adubo, mas a mudança profissional começou a partir de um triste fato. Em 1985, os dois caminhões de Rufino se envolveram em um acidente, e o estrago foi tanto que os veículos, que não eram assegurados, se tornaram inutilizáveis.

Sem condições para reparar os automóveis e já sabendo que ficaria no prejuízo, a medida básica para amenizar o rombo financeiro foi desmontar os caminhões e vender as peças.

Surgia então a JR Diesel, a maior empresa da América Latina em reciclagem e desmontagem de veículos.

O obstáculo que você está enfrentando pode ser a chance para mudar e transformar a sua história em um legado de sucesso!

Pensamentos de vitória geram crenças de vitória, que geram ações de vitória, e o resultado é **vitória**.

A simples semente de um pensamento pode florescer em uma jornada de vitórias extraordinárias.

Cada vitória, por menor que seja, começa como um raio de luz na mente, um pensamento que desafia limites e transcende obstáculos. São esses pensamentos que, quando nutridos com crenças sólidas, ganham a força de transformar o impossível em possível. As crenças são o alicerce invisível sobre o qual construímos nossas realidades, moldando o panorama de nossa vida.

Em Provérbios 23.7 temos: "Pois, como imagina em sua alma, assim ele é".

Toda vitória começa na mente, moldando a realidade de acordo com as imaginações e crenças internas.

As crenças são motores que impulsionam nossas ações, sejam elas positivas ou negativas, fortalecedoras ou limitantes.

Quando a mente está imbuída de uma convicção inabalável na vitória, as ações fluem de forma positiva. Cada passo torna-se uma declaração de determinação, cada desafio é encarado como uma oportunidade de crescimento e cada obstáculo é transformado em degrau para o sucesso.

Assim, nesse ciclo entre pensamentos, crenças, ações e resultados, a verdade se revela: a vitória não é apenas um destino, mas um processo contínuo enraizado na mente. Ao adotar conscientemente pensamentos de vitória, construímos um caminho sólido em direção a um legado de superação e triunfo.

Mente edificada na rocha + autoconfiança = legado extraordinário

No vasto campo da autotransformação, descobrimos que a fundação para um legado extraordinário repousa na combinação de uma mente edificada na rocha e uma autoconfiança inabalável.

Ao mesclar uma mente edificada na rocha com uma autoconfiança florescente, você começa a compor a sinfonia do seu legado.

Um legado refere-se ao impacto significativo e duradouro que uma pessoa deixa no mundo, transcendendo seu tempo de vida. É mais que apenas um feito notável ou uma realização notável, é a marca única que alguém deixa nas vidas dos outros e na sociedade como um todo.

Ao final deste capítulo, espero que você se sinta inspirado a trilhar o caminho da autotransformação, construindo uma mente inabalável na rocha e cultivando a autoconfiança necessária para forjar um legado verdadeiramente extraordinário.

A jornada é sua, e cada passo é uma contribuição única para a sinfonia do seu legado pessoal.

Feche os olhos, imagine o legado extraordinário que você deseja deixar!

“Na mente, reside o poder de transformar sonhos em realidade e legados em imortalidade.”

Angélica Silveira

barbara.ananias
+55 (81) 99682-4847
barbara@educacaoecoaching.com.br

Bárbara Ananias

Meu nome é Bárbara Ananias, nordestina com raízes pernambucanas, mãe de pet e moradora do bairro da Várzea, carinhosamente conhecido como o melhor cantinho da cidade do Recife.

Sou pedagoga e apaixonada pela educação, mas também sou psicóloga e atuo na área clínica. Uma curiosidade sobre minha formação: fiz os dois cursos simultaneamente.

Um pouco antes de terminar a segunda graduação, concluí a minha certificação como Professional Coach pela Sociedade Latino Americana de Coaching (SLAC) e desenvolvi uma metodologia para auxiliar estudantes da área de saúde.

Em seis anos de atuação, com mais de 70 aprovações por meio de acompanhamentos individuais e personalizados, percebi que cultivar algumas habilidades ao longo do caminho da vida pode ser o grande diferencial no processo de estudo.

05 CULTIVANDO A PACIÊNCIA E A TOLERÂNCIA

Por Bárbara Ananias

No final do Ensino Médio, os estudantes são levados a fazer a primeira grande escolha da vida: a profissão. Com uma área de atuação diversificada, alto nível salarial e empregabilidade quase absoluta, a atratividade dessa carreira ainda é reforçada pelo seu status quo na sociedade contemporânea. Estamos falando da Medicina.

No entanto, uma minoria dos candidatos consegue ser aprovada na primeira tentativa. As dificuldades e os desafios inerentes à fase pré-universitária afetam o desempenho desses estudantes, que dedicam, em média, três anos de estudos para conseguir a aprovação. Diante disso, foi quando comecei a estagiar em um curso preparatório para vestibular, que surgiu o interesse em buscar diferentes maneiras de ajudar esse público a conquistar uma vaga em menos tempo e de modo menos desgastante para a saúde mental.

Os estudantes de Medicina chegam à faculdade repleto de sonhos e fantasias de que não mais haverá angústias nessa nova etapa. Entretanto, no decorrer da graduação, o percurso é longo e árduo, com possíveis frustrações, principalmente no tempo em que, já no final do curso, eles são levados a fazer a segunda grande escolha das suas vidas: a especialidade da residência médica. E lá se vão mais três anos cumprindo uma carga horária de 60 horas semanais divididas entre atividades práticas e teóricas. Foi quando, mais uma vez, diante da oportunidade de acompanhar uma amiga médica que se preparava para a prova da residência, dei outro passo em direção ao meu atual nicho de trabalho.

No momento que o educador pernambucano Paulo Freire, em sua obra *Pedagogia do Oprimido*, diz aos leitores: "olhar para o passado deve ser apenas um meio de entender mais claramente o que e quem eles são, para que possam construir mais sabiamente o futuro", podemos perceber a importância do processo de autoconhecimento e até mesmo de autoavaliação na vida de cada um. No âmbito dos estudos, e mais especificamente no contexto da carreira médica, os estudantes precisam desenvolver disciplina e resiliência para identificar os ônus e os bônus de cada etapa, permitindo-se aprender com as experiências anteriores e utilizando os seus próprios mecanismos para enfrentar os próximos desafios de forma mais eficaz e eficiente. Para tanto, é necessário fazer uso de duas habilidades imprescindíveis a essa jornada: a paciência e a tolerância.

Paciência é uma virtude do ser humano embasada no autocontrole emocional, ou seja, quando um indivíduo suporta situações desagradáveis sem perder a calma. Implica um sofrimento: o da espera. Precisamos saber, conhecer os resultados, e sofremos enquanto esperamos. Mas vivemos no mundo do imediatismo, no qual grande parte das pessoas prefere viver o agora a qualquer custo. Então, como ter paciência para esperar ser aprovado no vestibular? O que fazer para manter a paciência de quem não pode se manter financeiramente nos seis anos de um curso com carga horária integral? Ainda existe paciência nos três anos da residência médica? A paciência é uma habilidade socioemocional que precisa ser alimentada por um propósito. E para não desistir desse propósito diante de situações e fatos indesejados ao longo do percurso, a paciência precisa ser baseada na tolerância.

Tolerância é uma atitude fundamental para quem vive em sociedade. É ideal para analisar como os outros lidam com determinados fatos, de acordo com seus valores, crenças, razões e motivações. É o ato de agir com aceitação perante algo que não se quer ou que não se pode impedir. Mas como suportar tantas reprovações seguidas no vestibular? O que fazer para aguentar o excessivo volume de estudos, o tempo escasso e o cansaço físico e mental ao longo dos 12 períodos do curso de Medicina? Ainda existe tolerância para continuar abrindo mão dos momentos de lazer com a família e os amigos em prol do título de especialista? A tolerância é uma habilidade socioemocional que precisa ser alimentada pelo respeito e empatia, primeiramente, por si próprio, seu tempo e seus limites. Ser tolerante significa ter paciência.

A paciência é passiva. A tolerância, por outro lado, é ativa. É uma deliberação de quem tem o poder de escolher entre aceitar ou não uma situação. E é justamente essa escolha que vai direcionar a forma como vamos lidar com o que está posto diante de nós. Não só em relação aos pensamentos e ações, mas também aos sentimentos envolvidos nesse processo. Sentimentos que, quando negligenciados, podem ser motivo de eventuais transtornos na esfera psicológica, como a depressão e a ansiedade. Por outro lado, quando esses sentimentos são adequadamente elaborados, podem se transformar em oportunidades de aprendizagem e de descobertas sobre a nossa condição humana.

Uma nova realidade se apresenta quando analisamos os iniciantes da faculdade médica: a cada geração, é menor a média de idade do ingresso no curso. Recém-saídos do Ensino Médio, o desempenho acadêmico é uma prioridade para esses estudantes, que agora precisam gerenciar o tempo não só para as aulas, provas e trabalhos, mas também para incluir em sua rotina a participação em iniciação científica, ligas, monitorias, congressos e outras atividades extracurriculares. Além desses fatores, em alguns casos, o jovem mora sozinho, longe dos pais, e o estado de vulnerabilidade pode levar ao sentimento de desamparo, que aumenta a carga ansiogênica, prejudicando muito a aprendizagem. Dessa maneira, um aprendizado deficiente potencializa a ansiedade frente à necessidade de aplicar na prática os conhecimentos adquiridos. Estabelecido este ciclo, a atividade profissional acaba por sofrer um acúmulo progressivo de deficiências e o mercado recebe um indivíduo que se sente despreparado e angustiado para desenvolver de forma ideal a sua tarefa social.

Ser médico exige responsabilidade e dedicação constantes. Este fato pode desencadear o desejo de abandonar o curso e até mesmo de uma verdadeira crise de identidade no decorrer dele. Mediante tantas transições dolorosas, o acadêmico começa a perceber que será necessário reaprender a estudar, o que significa uma maior utilização de seu tempo. Como estamos em permanente estado de desenvolvimento, o meta-aprendizado surge no momento em que o estudante precisa ressignificar os seus processos de aprendizagem para poder seguir de forma mais produtiva nos estudos. Aprender a aprender pode auxiliar o autodidatismo e estimular a autonomia. Nessa perspectiva, aprender tem um sentido mais amplo, a partir do momento em que passa a ser visto como um ato passível de ser gerenciado pelo próprio indivíduo.

No tocante à formação acadêmica, em particular, temos profissionais treinados para diagnosticar e tratar doenças e restabelecer a saúde, mas não para enfrentar a morte e o morrer. Nossa sociedade frequentemente lida com a morte tentando excluí-la de seu cotidiano, e essa estratégia tem sido transferida para os profissionais de saúde. Quando os estudantes começam a acompanhar pacientes terminais, isso os leva a entrar em contato com a própria fragilidade e finitude, de modo que, frequentemente eles recorrem à negação e à onipotência como forma de evitar o sofrimento, tanto quanto possível. O medo de perder o próprio eu favorece a crença desses jovens de que a ciência poderá vencer a morte. E, apesar dos inúmeros avanços alcançados pela Medicina, a morte não tem como deixar de ser uma constante no trabalho médico.

Todo profissional precisa se comunicar de forma clara e objetiva para transmitir informações de maneira assertiva. Para tanto, é importante ressaltar que uma boa comunicação também envolve saber ouvir. Ouvir é a chave para uma comunicação eficaz e leva a um melhor entendimento e colaboração entre os pares. A escuta ativa em uma consulta médica traz enormes benefícios, ao passo que não se trata apenas de ouvir as queixas do paciente, mas de entender as suas necessidades e emoções, prestando atenção e demonstrando interesse no que está sendo dito por ele. Sem comunicação, não há humanização. A humanização depende da capacidade de viabilizar o diálogo nas relações humanas como uma forma de que possamos compreender uns aos outros, propiciando o bem-estar recíproco. É um processo amplo, demorado e complexo, ao qual se oferecem resistências, pois envolve mudanças de comportamento, que despertam medos e inseguranças. O contato direto com seres humanos e seus processos de adoecimento coloca esses médicos diante das suas próprias condições de saúde e doença. Essas percepções, quando não são devidamente ressignificadas, correm o risco de criar mecanismos rígidos de defesa, que podem prejudicá-los tanto no âmbito profissional quanto no pessoal. Sendo assim, cuidar de quem cuida pode ser o primeiro passo para o desenvolvimento de projetos e ações em favor da humanização da assistência na área de saúde.

Diante de tudo que foi exposto, podemos perceber que, apesar dos desafios específicos da carreira médica, que vão desde a alta concorrência do vestibular de Medicina até os nove anos que podem durar a formação acadêmica desse profissional, incluindo graduação e especialização, existem algumas habilidades facilitadoras do processo de estudo de qualquer indivíduo ao longo do caminho da vida. Ter disciplina parece dificultoso em uma sociedade na qual o excesso de estímulos nos tira do foco e favorece a procrastinação. Ser resiliente parece impossível para uma geração que não está preparada para lidar com frustrações e reprovações. Busque desenvolver a paciência necessária para reconhecer que suas prioridades é que vão te fazer chegar aonde você deseja. Pratique diariamente a tolerância indispensável para compreender que os sonhos não são conquistados em linha reta. O caminho parece sem fim. Mas cada fim é um recomeço. E se esse processo não for prazeroso, de que adianta vivê-lo? A felicidade está nas pequenas conquistas e são exatamente elas que vão te lembrar diariamente do teu propósito.

"Ser resiliente parece impossível para uma geração que não está preparada para lidar com frustrações e reprovações."

Bárbara Ananias

camilamunizadvogada

+55 (44) 99989-9475

PODCAST podjulgar

https://www.camilamunizadvogada.com.br

https://www.camilamunizadvogada.com.br/cafecomjustica

Camila Muniz

Sou Camila Muniz e moro em Maringá, no Paraná, com meu marido, Ronald, e minha filha, Mariáh, de 6 anos, minha família abençoada.

Sou Advogada há quase 14 anos, Conselheira Estadual da OAB/PR, membro da Comissão de Coaching Jurídico da OAB Nacional e presidente da Comissão de Eventos da OAB Maringá.

Também sou mentora, especialista em coaching jurídico, analista comportamental, apresentadora e escritora.

Minha missão é transmitir todo meu conhecimento e experiência para ajudar as pessoas a descobrirem sua verdadeira identidade e atingirem o máximo de seu potencial, então saia da zona de conforto e realize seus sonhos mais extraordinários e, quando realizados e prósperos, encontre propósito e paixão em tudo que fizer.

06 ENCONTRE PROPÓSITO E PAIXÃO EM TUDO QUE FIZER

Por Camila Muniz

Eu poderia iniciar o capítulo com o famoso: "Era uma vez...", considerando a forma como vivo a minha vida, ou seja, como um verdadeiro conto de fadas.

Por mais que você deva estar ansioso pelo tão esperado final feliz da história, precisaremos falar do que vem antes. Todos sabemos que é normal passar por encontros e desencontros no decorrer de uma narrativa que, nesse contexto, chamarei de "sombras", mas também já chamei de "deserto" em outros momentos.

Não se assuste, afinal, precisamos passar por momentos de escuridão para enxergar o brilho diante de nossos olhos, do extraordinário que acontece diariamente em nossas vidas, ou seja, não tem como encontrar a luz sem antes acessar as trevas da história.

Muitas vezes nos encontramos seguros e até parecemos estar felizes na zona de conforto, talvez por ser um lugar agradável, muitas vezes tranquilo, em que nada novo acontece. Sem surpresas. Tudo sob controle. Por isso, pensar em sair pode gerar um pouco de ansiedade e medo.

Só que, nessa hora, respeitar o fato de que toda mudança tem um ritmo diferente é tão importante quanto abandonar a situação. Entender que o tempo pode variar de pessoa para pessoa e que mudar se torna mais fácil quando acontece lentamente, permitindo que os comportamentos se tornem quase que automáticos. Esse medo da mudança não pode se tornar um grande impedimento.

Sabe, eu concordo com você! Mudar realmente parece assustador. Mas já parou para pensar nas consequências de não mudar?

No momento que fiz esse questionamento, confesso que também me assustei, pois não é o fato de estarmos infelizes na situação atual que significa que estamos prontos para mudar. E então você percebe que só o fato de se questionar já é sinal de que algo novo está acontecendo. Em pouco tempo, naturalmente, começam a ocorrer pequenas mudanças, e vem aquela sensação de não ter mais volta: a metamorfose já começou!

Não ter mais volta? Exato! Porque depois que começamos o caminho de volta a nossa essência, não queremos mais voltar! Queremos ir até o final. Até a forma como nos víamos antes já não é mais igual, tudo começa a mudar.

Para nos libertarmos do medo da mudança, podemos fazer coisas como: ter fé em Deus, em nosso conhecimento, em nossa intuição, algo que nos confirme que é possível mudar.

Para vivermos essa jornada de descoberta e mudança, precisamos nos recriar repetidamente, até construirmos uma nova forma de nos vermos, mas só acontece mesmo quando acreditamos ser algo possível.

Deixo aqui algumas dicas para você lidar melhor com sua metamorfose:

1. **Escolha ser feliz:** sim, é uma escolha! Comece primeiro deixando o passado no passado. Aprenda a pensar de forma positiva e cuidado com a forma como você mesmo se julga. Veja a si mesmo como alguém imperfeito sim, mas que faz o melhor, que busca a excelência em tudo que faz.

2. **Desenvolva a resiliência:** você consegue fazer isso cuidando de si mesma, passando tempo com familiares e amigos. Uma coisa incrível que desenvolve a resiliência é a gratidão. Quando mudei minha postura de "reclamar" e focar no que era ruim e entender que há muito mais a agradecer, muita coisa mudou, e quanto mais eu agradecia, mais coisas extraordinárias aconteciam.

3. E, enfim, depois de praticar os anteriores, ficou mais fácil essa terceira, que é, basicamente, **ver as falhas e os desafios que surgem na vida como oportunidades de crescimento**. É incrível o que podemos aprender com as "pedras" que surgem no caminho.

Essas três dicas foram (e ainda são) as que mais fizeram sentido para mim, assim como outras, tais como: lidar com o estresse, gerenciar e organizar melhor o tempo; fazer exercícios físicos (cedo ou tarde terá que fazer, então, quanto antes começar, melhor); ter amigos, (sim, acredita? Eu não tinha círculo social, eu só trabalhava, verdade!); praticar técnicas de relaxamento e meditação; aprender a arte de dizer NÃO (essa é incrível); e sonhar, mas sonhe muito, sonhe grande, sonhe enorme, tenha a visão mais extraordinária possível do seu futuro, acredite nela, veja esse futuro, se ele acontecer na sua mente, no seu coração, é questão de tempo para acontecer na vida real.

Mantenha esse plano de futuro sempre com você. Faça isso até que tenha um encontro verdadeiro com sua melhor versão e descobrirá o poder disso: o poder de ser!

E, quando você encontra o ajuste perfeito para colocar para fora a sua melhor versão, coisas extraordinárias começam a acontecer.

Então sonhos se realizam, metas são cumpridas, milagres acontecem, até coisas que você nunca imaginou, nem sonhou, nem ousou pedir a Deus acontecem também, e o medo vai ficando cada dia menor.

Então, você começa a cuidar tão bem de você mesmo, e se sente bem fazendo isso, descobre o seu valor, se valoriza cada vez mais, e isso é tão bom que, você não quer mais parar, aconteça o que acontecer. Só quer se amar, se valorizar. Devagar e ao mesmo tempo, cada vez mais longe. Mais alto e, ao mesmo tempo, mais próximo de si mesmo e de sua essência.

E quando pensa que a história chegou ao fim, que enfim chegou seu final feliz, você descobre que quanto mais se conhece, se cuida, se ama e se valoriza, você também cura suas dores e suas feridas. A descoberta incrível acontece: nada é por acaso, nada foi em vão, e melhor, não se trata somente de você, existe um objetivo maior, você descobre que, ao curar suas dores, ao se permitir passar por esse processo de sombras, deserto, encontros e desencontros, você pode contribuir para que outras pessoas também se curem.

Nessa hora, você entende que TODOS estamos em constante evolução e vivemos no mesmo sistema. Tudo o que acontece com a nossa vida, pode influenciar de alguma forma a vida de outros ao nosso redor. Trazendo isso a consciência, vem naturalmente o desejo Divino de usar isso em seu favor.

Você que foi trazido até aqui. Até este livro. Até este capítulo. De alguma forma, está buscando essa mudança, você que talvez esteja vivendo seu deserto, em meio às sombras dos encontros e desencontros, esperando ansiosamente por seu final feliz.

Ei, você! Isso. Você mesmo! Ouse viver essa jornada! Permita-se. Liberte-se dos medos ou vá mesmo com medo. Muitas vezes eu corri atrás de sonhos mesmo com muito medo, coisas nas quais somente eu acreditava. É verdade, somente eu. Mas isso bastou. Tinha um vazio dentro de mim que eu queria preencher. Esse vazio era um sentimento de que, mesmo me amando, ainda faltava alguma coisa. Eu precisava saber o que vim fazer aqui. Algo dentro de mim falava, aliás, gritava que havia mais, que não tinha acabado.

Eu tinha despertado. Mas junto a esse "despertar" surgiram inúmeros questionamentos: Para quê? Como? Por quê? Quem?

Você começa a perceber que esse vazio interno vem da sua própria essência, se trata da busca por algo maior, por uma causa, talvez até uma missão (sempre gostei dessa palavra), por um propósito.

Percebe que encontrou algo valioso. Quer saber quem você é verdadeiramente, e isso transforma sua vida em algo tão extraordinário que vai querer mostrar para o mundo todo que é possível. Ensinar o caminho para todos que cruzarem seu caminho. Não vai querer nem tampouco conseguir guardar só para você.

E agora? Por onde começar? Afinal, por muito tempo eu acreditei que encontraria o propósito em uma coisa somente ou só em uma área da vida. Começa a pedir a Deus em oração por seu "suposto" propósito.

E não é que eu não tinha medo, aliás, às vezes eu ainda tenho muito medo! Interessante é que, nesse momento, você descobre que você nunca estará pronto. Que não adianta esperar. Esperar o curso terminar, o dinheiro chegar, a dor passar ou príncipe encantado te beijar. Não!

O que você quer? O seu desejo é tão importante que, isso te faz agir apesar do medo, das dúvidas, da incerteza. Isso te move. Faz você ser aquele que faz, aquele que age, e agir é o que te diferencia daquele que somente sonha.

É você com seu caminho, com seu processo, com sua evolução, você descobre que depende somente de você. Você precisa muito de você. Do verdadeiro você! Da sua real e melhor versão. Reconheça a sua verdade. Jogue fora seus fantasmas. Saia do comum. Seu crescimento é individual, sabia?

Calma, eu posso te ajudar:

Primeiro, defina o que é sucesso para você e depois trace metas para alcançá-lo. Afinal, sucesso é basicamente você conseguir realizar seus sonhos, mas com um detalhe: sendo quem você é!

Te convido a ser protagonista da sua história a partir de agora. Concentre-se em você mesmo. Agradeça todos os dias por ser quem você é. Permita que sua essência se manifeste em tudo, você provavelmente se verá apaixonado pela vida e, por consequência, vai se apaixonar por tudo que fizer, por todos a sua volta: sua família, seus pais, seu trabalho, sua profissão, seus amigos, seu corpo. E então você encontrará a graça de viver um propósito em tudo que fizer!

É nossa responsabilidade dar aos outros a luz que, primeiro, brilha em nossas conquistas, nossos talentos e, principalmente, em nossas realizações.

Te desafio a retornar para você. O universo foi perfeitamente desenhado para que você possa fazer o bem. Está em você a sua razão de ser, está em você a sua mais bela missão. Lembre-se: quanto mais próximo da sua essência, mais próximo de Deus você estará. Mais sensível a voz dEle. É essa voz que vai te direcionar a ter uma vida extraordinária e com propósito que você deseja e merece viver.

E se tiver que esperar um pouco mais o final feliz da sua história, te aconselho a esperar vivendo, apaixonando-se todos os dias pela sua melhor versão.

Lembre-se que você é incrível! Você é extraordinário! Você é abençoado! Você é mais que vencedor em Cristo Jesus!

Repita isso todos os dias. Creia nisso.

Acredite que o que é seu já está vindo ao seu encontro e vocês têm caminhado em direção um ao outro. É questão de tempo. Quando menos esperar, você começará a receber tudo que você tem esperado e vem pedindo a Deus em oração.

E, enquanto espera, abra as portas, as janelas, o caminho... deixe o novo entrar. o extraordinário já está acontecendo.

“Ser apaixonada pela vida te permite viver tudo com propósito.”

Camila Muniz

carolfontann

+55 (82) 99913-5276

www.carolfontan.com.br

Carreira & Vida

Carol Fontan

Especialista em pessoas e empreendedora, minha jornada como palestrante e treinadora em Educação Emocional é enriquecida por formações voltadas ao estudo do comportamento humano. Minha abordagem combina sabedoria acadêmica com uma conexão autêntica ao desenvolvimento humano.

Algumas vezes aluna e outras vezes professora, filha, mãe, esposa, amiga, líder e serva de Deus, compreendendo como as vidas pessoal e profissional se entrelaçam.

Essa experiência enriquece minha abordagem, já que equilibrar essas dimensões é um desafio e uma fonte constante de aprendizado.

Alguém que, assim como você, está em eterna e constante construção, uma aprendiz e uma grande atrevida na vida, que tem como missão levar uma mensagem até você.

Acredito que compartilhar minhas experiências é essencial para enriquecer vidas, fortalecendo o poder pessoal existente em cada um.

07 DESCOBRINDO E GERENCIANDO SUAS EMOÇÕES

Por Carol Fontan

Visão embaçada, boca seca, palidez, dificuldade para respirar, coração acelerado, medo latente, a cada sintoma que eu sentia maior era a sensação de desespero, quanto mais medo mais rápido eram os meus batimentos e menos ar eu tinha para puxar, vou infartar, pensei. Consegui me arrastar até o carro e dirigir até a emergência do hospital mais próximo. Depois de todos os exames, o médico de plantão me deu um comprimido roxo, Lexotan, e foi naquele momento que a minha ficha caiu: era uma crise de ansiedade.

É claro que tive muitas outras crises, em uma delas eu pensei até que teria um AVC, mas o que quero dizer para você neste breve capítulo é que chega um momento que, se não olharmos para dentro de nós mesmos, ficamos de fora. Fora de quê? Da própria vida.

Aos 32 anos, casada, com um bom emprego e um filho lindo, eu estava nessa fase cega e negligente, e, ao que me parece, somos seres condicionados a situações extremas: só paramos de fumar se infartamos, só queremos emagrecer quando entupimos nossas veias, e assim é com nosso emocional: olhamos para ele quando ele grita. A ansiedade é um grito da alma.

Com uma vida aparentemente "estabilizada", produtiva e cheia de vigor, eu estava me enganando e passando por cima de mim feito um trator, apática diante de minha vida sentimental, cheia de justificativas para minhas falhas, um casamento destroçado, solitária, negligenciando a educação do meu filho e o viciando em presentes para amenizar a culpa da minha ausência, sedentária e sem expectativa profissional, eu estava apenas existindo, até o momento desse grito de salvação.

Mas fica tranquilo que não vou te vender a receita do "sucesso", eu não acredito em fórmulas, eu acredito em processo, cada um aprende de maneira única, em seu devido tempo e sua própria fórmula, mas, certamente, o que vou compartilhar a seguir vai te ajudar de algum modo, então guarde aquilo que fizer sentido para você e questione cada palavra minha.

Você só consegue gerir aquilo que tem domínio e você só domina aquilo que você conhece. Para gerir as emoções, é necessário entender quais gatilhos as acionam em você e como você reage a essas emoções. O autoconhecimento é a chave que nos liberta dos ciclos viciosos que estamos presos pela ignorância, eu sei que parece simplista e na verdade é, porém, não fácil.

É preciso estar muito disposto a se confrontar, a enxergar as suas mazelas, a tirar a máscara que esconde sua raiz mais frágil, a se despir de todas as camadas de proteção que você se afundou, tanto a ponto de se desconhecer, você está à deriva e entregue ao acaso.

Existem muitas definições e muitas formas de se reencontrar, mas a mais espontânea, sincera e limpa que eu conheci está disponível a todos: a oração. Na oração, nós colocamos nossos medos, angústias, desejos, mágoas e culpas, na oração conseguimos ser, não estamos encenando, não ensaiamos, só somos.

Se você é um nascido na década de 1980 ou antes disso, vai se lembrar de que fomos ensinados a dedicar nossa vida ao trabalho, ele seria nossa fonte de "felicidade" e todos os esforços são voltados para este fim, o sucesso profissional e financeiro, a tão sonhada estabilidade. Todas as conquistas pessoais são secundárias, o grande objetivo é, de fato, ter não só dinheiro, mas status também. E quando chegamos na casa dos 30 anos, já estamos cansados dessa busca, percebemos nesse momento o tanto que já lutamos, corremos, caminhamos, doamos, conquistamos, perdemos e continuamos, e ainda assim a tal da felicidade não bateu à porta, e é aí que se instalam as primeiras crises de identidade, as primeiras perguntas começam a ecoar, como se fosse um sussurro chamando a olhar para dentro.

O que estou buscando? Devo recomeçar ou continuar? O que vão dizer se eu parar? São perguntas como essas que começam a nos incomodar. Gosto de pensar que é um cutuco de Deus, dizendo: Ei, meu filho, não é só isso que tenho para você, seja forte e corajoso, é só olhar para dentro.

E se você tem filhos, há de concordar que eles têm uma missão especial com você, te ensinar aquilo que você não aprendeu. Por intermédio deles você vai se desenvolver. Os filhos são uma grande fonte de autoconhecimento, através das situações que nos são apresentadas na criação e educação, nos deparamos inevitavelmente com as nossas lembranças vividas na infância que estavam adormecidas. Nessas lembranças, voltamos a ter contato com sentimentos que na época não saberíamos nomear, mas hoje conseguimos identificar que eram sentimentos de rejeição, de não se sentir amado e cuidado, de ter sido abusado física e verbalmente, de ter sido sufocado com excesso de proteção, todos nós temos as nossas marcas, isso não é privilégio seu.

Os filhos trazem à tona comportamentos que antes abominávamos nos nossos pais e que hoje repetimos sem perceber. Nessa cegueira, podemos passar a diante nossas maiores dores, frustrações e medos, em uma grande repetição de padrão, mas a boa notícia é que somos moldáveis, é possível melhorar, crescer, evoluir, reaprender a aprender.

Diariamente temos a oportunidade de nos conhecermos um pouco mais, através da autoanálise, é claro que parece óbvio, entretanto, sabemos que não é algo simples e geralmente não estamos dispostos e animados a observar os nossos comportamentos. Por que não consigo agir de outra forma? Por que isso me paralisa? Por que sempre estou envolvido nas mesmas situações? Por que atraio o mesmo tipo de pessoa na minha vida sentimental? Mas, não é só se fazer perguntas retóricas, é necessário interpretar e levantar hipóteses.

O questionamento é uma eficiente ferramenta, questionar se agimos assim por uma questão cultural, se estamos repetindo um padrão familiar, se isso é resultado de experiências. O questionar abre caminhos, expande nossa mente, porque se você tiver muita certeza de algo, desconfie.

A dor e o constrangimento também têm a missão de nos ensinar valiosas lições, a dor e a vergonha nos incomodam a ponto de forçar a observação da situação, nos faz questionar possibilidades e levanta dúvidas do nosso comportamento.

Proponho a você um rápido exercício: pense em uma pessoa que você admira muito, pode ser conhecida ou alguém da tv, não importa. Pensou? Agora escreva o nome dessa pessoa. Agora escreva quais razões fazem você admirar essa pessoa.

Agora, pensa comigo: você só consegue identificar no outro aquilo que tem em você, se você reconhece tais qualidades, há uma identificação nisso, você também possui esses recursos, talvez só não tenha percebido ou reconhecido, até esse momento.

Pois bem, o contrário também é verdadeiro, se algo te irrita em alguém, é possível que seja um reflexo do que você também tem em você, algo que você ainda não conseguiu encarar e trabalhar, e por isso repudia no outro, você não gosta, mas tem.

O processo do autoconhecimento traz esse desconforto, é natural que aconteça, mas também liberta de uma prisão invisível.

Esteja preparado para desagradar. Quando nos conhecemos um pouco mais, as peças começam a se encaixar e tudo parece fazer mais sentido, entendemos como funcionamos e logo passamos a nos administrar, a evitar pessoas, conversas e lugares. Agora sabemos do que gostamos e o que queremos, ficamos confiantes, sabemos onde cabemos.

Quando você adquire essa consciência e eleva a confiança em si, os outros perdem o poder que exercem sobre você, você já não se importa mais com o que estão dizendo e achando, você sabe quem é, já não é mais sobre você, é sobre a pessoa. Quando entendi isso, tive paz.

Foram muitas as vezes que fui questionada sobre minha maneira de educar meu filho, sobre as minhas escolhas, sobre a minha profissão. A todo momento vão tentar te moldar às expectativas alheias, tenha domínio sobre você.

Ouvir a voz do seu coração quer dizer respeitar o que está sentindo, pensa comigo: desde muito pequenos, quando não sabíamos nomear o que estávamos sentindo, apresentavam um nome para nós. Como desatento por exemplo, você cresce carregando esse rótulo e aceita como seu e se comporta de forma coerente ao que se nomeia: sou muito ansioso, sou medroso, sou nervoso, e você nem tinha condições de entender o que essas palavras significavam, mas as adotou. E quando incomoda, é porque tem algo dentro de você sinalizando que não condiz com nada disso.

Sabe aquela sensação forte de ter a resposta correta? alguns chamam de voz da consciência, outros de intuição ou sexto sentido, mas eu chamo de voz de Deus. É Deus te guiando.

Em todos os dilemas de nossa vida, já sabemos o que temos que fazer, e ainda assim pedimos opinião, negligenciando a própria sabedoria, ninguém pode saber mais sobre você do que você mesmo.

Vamos pensar no que te move a ir em busca das suas realizações, quais as suas motivações intrínsecas. Quero que você escreva três valores pessoais, aquilo que você tem como premissa, um princípio do qual não abre mão. Agora quero que você analise se você vive de acordo com esses princípios e valores, você os respeita e valoriza nas suas tomadas de decisões? Você pondera se está contemplado e sendo condizente com seus princípios? Eles são priorizados no seu dia a dia?

Pois então, caso você esteja sendo incoerente com eles, isso vai te deixar desconfortável e aí, a partir de agora, você sabe que tem algo errado, então, passe a se perguntar e pondere antes das tomadas de decisões.

Em 1 Reis 3:16-28 é relatado o julgamento de Salomão, a troca de um bebê morto por outro vivo. Esse trecho aborda a decisão de Salomão para descobrir quem era a verdadeira mãe do menino vivo, mas o que mais me chama a atenção é: Como pode uma pessoa dormir ao ponto de seu filho ser trocado e não acordar com essa movimentação? E como pode uma mãe dormir e com o seu corpo passar por cima de seu bebê a ponto de ele falecer? Que sono profundo é esse? É chegada a hora de despertar, porque acordar é pouco, desperte antes que te roubem o teu bem mais precioso. Precisamos de coragem para ser quem somos. O autoconhecimento é o que nos deixa mais perto de Deus, Somos a imagem e semelhança dEle, é através de mim que conseguirei vê-lo.

“A vida é um presente, não devolva sem abrir.”

Carol Fontan

neliosbatista

aguasfarma

suporteneliobatista@gmail.com

Cornélio Batista

Sou Cornélio Batista, filho de José Alves Batista e Jacira Rosa Batista, natural de Coroaci, Minas Gerais. Atualmente, resido em SP com minha família: minha esposa, Gisele Batista, e meus dois filhos, Stefany Batista e Eliseu Batista.

Sou empresário, gestor, farmacêutico, analista de perfil comportamental, mentor, escritor e atuo na área comercial há mais de 22 anos. Empreendo desde 2010, quando me tornei fundador da rede Águas Farma Drogarias.

No início, enfrentei muitos desafios, mas agi com muito foco, fé e determinação para fazer meu negócio dar certo. Hoje, tenho uma rede de drogarias com conceitos e resultados diferenciados na minha região.

Realizo palestras e mentorias para comerciantes que desejam alcançar sua tão sonhada liberdade financeira através do meu método de gestão G2L (Gestão, Liderança e Lucro).

08 SUPERANDO CRENÇAS LIMITANTES PARA DESBLOQUEAR SEU POTENCIAL

Por Cornélio Batista

Crenças limitantes são como vendas nos olhos, que não permitem você enxergar a vida como ela realmente deve ser vista.

Durante anos essas crenças vieram impactando meus antepassados, de forma tão intensa que chegou a atingir até a minha própria vida. Porém teve um momento que passei a não aceitar mais certo tipos de atitudes e pensamentos. Foi aí que tudo começou a mudar e a fazer sentido para mim.

Comecei a estudar, a buscar conhecimentos, a me conectar com pessoas que pensam e agem de modo diferente, e aos poucos fui me libertando, me sentindo livre e feliz. Desde então, passei a ajudar mais pessoas a se sentirem livres e felizes, "tirando toda casca de crença que as impediam de viver a vida como ela realmente deveria ser vivida".

Quando eu era mais jovem, não sabia lidar com esses tipos de crenças, achando que tudo era verdade. Sentia que tinha algo errado, mas as crenças limitantes eram muitos fortes em minha cabeça. "Eu não conseguia sair daquela caixinha", e isso trouxe muitos prejuízos espirituais, pessoal e profissional para mim.

Como dizia Napoleon Hill, autor do livro "Mais esperto que o diabo": conheça seu verdadeiro eu.

O problema é que muitas vezes deixamos de viver a nossa própria vida, preocupados o que os outros irão pensar ou falar, e isso nos impede de sermos nós mesmos, de alcançar os nossos sonhos, objetivos e deixar o nosso legado.

Através dessa jornada e experiência, consegui enxergar sete caminhos para você conseguir se libertar das crenças limitantes e ter uma qualidade de vida incrível. Veja:

1. **Autoconsciência:** identificar e reconhecer suas crenças limitantes é o primeiro passo. Esteja atento aos pensamentos automáticos e autocríticos que surgem em sua mente. Questionar a origem dessas crenças é fundamental para entender por que elas existem.

2. **Questionamento constante:** desafie ativamente suas crenças limitantes. Pergunte a si mesmo se essas crenças são baseadas em fatos reais, em experiências passadas ou em percepções distorcidas. Muitas vezes, as crenças limitantes não resistem ao escrutínio lógico.

3. **Reestruturação cognitiva**: substitua pensamentos negativos por afirmações positivas. Desenvolva um diálogo interno construtivo e encorajador. Por exemplo, se acredita que não é bom o suficiente para uma tarefa, transforme esse pensamento em algo positivo e realista, como reconhecer suas habilidades e experiências anteriores.

4. **Mude seu ambiente:** seja consciente das influências ao seu redor. Às vezes, crenças limitantes podem ser reforçadas por pessoas ou ambientes negativos. Busque conexões e ambientes que promovam a positividade, apoio e crescimento pessoal.

5. **Defina metas alcançáveis:** estabeleça metas realistas e atingíveis para si mesmo. Ao alcançar pequenos objetivos, você construirá a confiança em suas capacidades e poderá desafiar crenças limitantes mais profundas.

6. ***Mindfulness***: a prática da atenção plena pode ajudar a manter o foco no presente, diminuir a ansiedade e permitir que você observe pensamentos negativos sem julgamento. Isso pode criar espaço para escolher pensamentos mais positivos e construtivos.

7. **Busca por apoio profissional:** um terapeuta, coach ou conselheiro pode fornecer ferramentas e técnicas específicas para ajudar na superação de crenças limitantes. Eles podem oferecer uma perspectiva objetiva e apoio emocional durante o processo de transformação pessoal.

Lembre-se de que a libertação de crenças limitantes é um processo contínuo e individual. Cada pessoa pode responder de maneira única a essas estratégias, e pode ser necessário experimentar diferentes abordagens para descobrir o que funciona melhor para você.

A capacidade de trilhar os sete caminhos para superar crenças limitantes é fundamental para promover um desenvolvimento pessoal saudável e alcançar o potencial máximo. Aqui estão algumas razões pelas quais esses passos são importantes e os benefícios que podem ser obtidos:

- **autoconfiança e autoestima:** ao se tornar consciente e desafiar crenças limitantes, você constrói uma autoimagem mais positiva. Isso fortalece a autoconfiança e a autoestima, permitindo que você enfrente desafios com uma atitude mais resiliente;
- **maior resiliência:** a reestruturação cognitiva e a prática de *mindfulness* contribuem para uma maior resiliência emocional. Isso significa que você estará mais preparado para lidar com adversidades e superar obstáculos sem ser sobrecarregado por pensamentos negativos;
- **melhor tomada de decisão:** ao questionar constantemente suas crenças, você desenvolve uma mentalidade mais crítica e uma abordagem mais equilibrada à tomada de decisões. Isso resulta em escolhas mais informadas e alinhadas com seus objetivos;
- **relacionamentos mais saudáveis:** a autoconsciência e a transformação pessoal impactam positivamente os relacionamentos. Ao superar crenças limitantes, você se torna mais aberto, empático e capaz de construir conexões mais profundas e saudáveis com os outros;
- **crescimento pessoal e profissional:** a capacidade de definir metas alcançáveis e desafiar-se leva a um crescimento contínuo, tanto pessoal quanto profissional. Isso pode resultar em avanços na carreira, desenvolvimento de novas habilidades e uma sensação geral de realização;
- **saúde mental aprimorada:** a libertação de crenças limitantes está intrinsecamente ligada à saúde mental. Ao adotar uma mentalidade mais positiva e construtiva, você reduz o estresse, a ansiedade e outros problemas de saúde mental, promovendo um bem-estar mais duradouro;
- **satisfação geral com a vida**: a combinação desses caminhos resulta em uma satisfação geral mais elevada com a vida. Ao superar obstáculos internos, você cria espaço para experiências mais positivas, realização pessoal e uma perspectiva mais otimista em relação ao futuro.

Ao trilhar esses caminhos, você não apenas aborda crenças limitantes específicas, mas também cultiva uma mentalidade de crescimento e autodescoberta. Essa jornada não apenas melhora sua qualidade de vida, mas também influencia positivamente as pessoas ao seu redor, criando um impacto significativo em sua comunidade e ambiente.

Ignorar crenças limitantes e não abordar os padrões de pensamento negativos pode ter vários impactos negativos na vida de uma pessoa. Alguns dos danos potenciais incluem:

- **estagnação pessoal e profissional:** crenças limitantes muitas vezes impedem o progresso pessoal e profissional. Ignorá-las pode resultar em uma sensação de estagnação, impedindo o desenvolvimento de novas habilidades e a busca por oportunidades de crescimento;
- **baixa autoestima e autoconfiança**: a falta de consciência e a não abordagem de crenças limitantes contribuem para uma autoimagem negativa. Isso pode levar a uma baixa autoestima e autoconfiança, afetando a capacidade de enfrentar desafios e perseguir metas;
- **relacionamentos tóxicos:** crenças limitantes podem impactar negativamente os relacionamentos, levando a padrões tóxicos. Ignorar esses padrões pode resultar em relacionamentos prejudiciais e isolamento social;
- **desenvolvimento de ansiedade e depressão:** a perpetuação de pensamentos negativos pode contribuir para o desenvolvimento de ansiedade e depressão. Ignorar essas questões pode levar a uma deterioração contínua da saúde mental;
- **perda de oportunidades:** crenças limitantes muitas vezes impedem as pessoas de buscar novas oportunidades. Ignorar essas crenças pode resultar na perda de oportunidades profissionais, educacionais e pessoais valiosas;
- **insatisfação geral com a vida:** a persistência de crenças limitantes pode levar a uma sensação contínua de insatisfação com a vida. Ignorar esses sentimentos pode resultar em uma falta de propósito e significado;
- **impacto na saúde física e mental:** o estresse e a ansiedade associados a crenças limitantes não abordadas podem ter impactos negativos na saúde física e mental. Isso pode incluir problemas como insônia, dores físicas, doenças relacionadas ao estresse e outros problemas de saúde;

- **reforço de padrões destrutivos:** ignorar crenças limitantes pode levar à repetição de padrões destrutivos de pensamento e comportamento. Isso cria um ciclo contínuo de autossabotagem e dificulta a quebra de hábitos prejudiciais.

Em resumo, ignorar crenças limitantes pode resultar em um impacto significativo na qualidade de vida, na saúde mental e no bem-estar geral. É fundamental enfrentar essas crenças de maneira ativa, buscar apoio quando necessário e trabalhar para promover uma mentalidade mais positiva e construtiva.

Você é mais forte do que suas crenças limitantes. Cada pensamento negativo que surge em sua mente é uma oportunidade para transformar, crescer e desafiar a versão limitada que você tem de si mesmo. Não ignore a magnitude do seu potencial. Você não é definido por suas crenças antigas, mas sim pela coragem de confrontá-las e mudar o roteiro da sua vida.

Imagine o que seria possível se você escolhesse acreditar em sua própria grandeza. Cada passo que você dá em direção à libertação das crenças limitantes é um passo em direção à realização, à autoaceitação e ao contentamento. Não permita que pensamentos negativos roubem sua alegria, suas oportunidades ou sua paz interior.

Lembre-se de que a jornada de autodescoberta e transformação é um ato de amor-próprio. Ao desafiar suas crenças limitantes, você está investindo em uma versão mais autêntica e vibrante de si mesmo. Celebre cada vitória, por menor que seja, pois cada uma delas é um testemunho do seu poder de mudar. "Enxergue sua mente como um jardim, onde cada pensamento é uma semente moldando sua realidade. Plante com sabedoria: flores de confiança, árvores de coragem. Escolha conscientemente semear positividade e autoaceitação. Cada pensamento positivo é uma revolução silenciosa. Reconheça seu poder. Plante hoje as sementes de uma vida mais extraordinária. Cultive pensamentos que fazem você crescer. Esta é sua jornada de autolibertação. Cada pensamento positivo é um passo para uma vida mais plena e vibrante.

"Plante pensamentos de confiança, cultive uma vida extraordinária. A ação começa agora!"

Cornélio Batista

criscastroterapeuta

criscastropalestranteoficial

+55 (32) 98822-4026

Cris Vale

Cris Castro

psi.viver.melhor@gmail.com

Cris Castro

Sou Cris Castro, natural de Leopoldina, resido em Juiz de Fora, Minas Gerais, com meu filho e meu marido.

Filha mais velha de duas irmãs, meu pai era lavrador e minha mãe dona de casa, morávamos em um sítio, onde a escassez prevalecia, mais nunca nos faltou o principal, amor.

Sempre fui sonhadora, sonhava grande! No meio onde vivia, eu era uma improvável, mas Deus sempre me permitiu sonhar, e se eu posso sonhar, eu posso realizar!

A minha história de superação começou quando decidi sair de Leopoldina, uma decisão que me fez crescer. Tenho mais de 15 anos de carreira na área do desenvolvimento humano como terapeuta, mentora, palestrante, educadora, especialista DISC (Dominância, Influência, Estabilidade e Conformidade) e gestora de pessoas.

Alcanço centenas de vidas com meus conhecimentos a romper as barreiras, crescer e aprender a viver uma vida mais leve.

Aquela menina sonhadora improvável, hoje se tornou uma mulher imparável!

09 CONEXÃO CORPO E MENTE

Por Cris Castro

A psicossomática é uma área da psicologia que investiga a relação entre mente e corpo, reconhecendo a interconexão entre os aspectos psicológicos e fisiológicos da experiência humana. Essa abordagem destaca a influência que os estados emocionais e mentais exercem sobre a saúde física e vice-versa. Para compreender essa complexa interação, diversos teóricos contribuíram ao longo do tempo, oferecendo perspectivas valiosas sobre o tema.

Um dos pioneiros no estudo da psicossomática foi o médico alemão Georg Groddeck, que, na década de 1920, introduziu a ideia de que o corpo poderia expressar conflitos psíquicos não resolvidos. Groddeck acreditava que as doenças físicas eram manifestações simbólicas de questões emocionais subjacentes. Essa perspectiva inaugurou uma nova forma de compreender as doenças, indo além da visão estritamente biomédica.

Posteriormente, o psicanalista Sigmund Freud também contribuiu para o campo da psicossomática ao explorar a ligação entre os processos mentais inconscientes e as condições médicas. Freud desenvolveu a ideia de que emoções reprimidas poderiam se manifestar fisicamente, causando uma variedade de sintomas somáticos. Seus estudos sobre a histeria e a relação entre o inconsciente e o corpo foram precursoras para o desenvolvimento posterior da psicossomática.

Outro conceito-chave na psicossomática é o de "somatização", introduzido por Franz Alexander. Ele propôs que certas condições físicas poderiam ser resultado da expressão somática de conflitos emocionais não resolvidos. A ideia de somatização enfatiza a importância de abordar os aspectos psicológicos subjacentes em casos de doenças físicas, a fim de promover uma cura mais completa.

A teoria do estresse de Hans Selye também desempenhou um papel crucial na compreensão da interação entre mente e corpo. Selye definiu o estresse como a resposta não específica do corpo a qualquer demanda, seja ela física ou psicológica. Essa perspectiva ressalta como a sobrecarga de estresse pode levar a diversas condições físicas e destaca a importância de estratégias de enfrentamento eficazes para manter o equilíbrio psicofísico.

Nos anos mais recentes, a neurociência também tem contribuído para a compreensão da psicossomática. Estudos mostram como o cérebro e o sistema nervoso desempenham um papel crucial na influência recíproca entre mente e corpo. Mecanismos como a neuroplasticidade demonstram a capacidade do cérebro de se reorganizar em resposta a experiências mentais e emocionais, influenciando diretamente a saúde física.

A prática clínica na psicossomática muitas vezes envolve abordagens integrativas, como a psicoterapia, que visa explorar os aspectos emocionais subjacentes a condições médicas. A terapia cognitivo-comportamental, por exemplo, tem se mostrado eficaz na melhoria de condições psicossomáticas, ajudando os indivíduos a identificar e modificar padrões de pensamento disfuncionais que impactam a saúde física.

A psicossomática representa uma abordagem holística à compreensão da saúde, reconhecendo a interconexão inextricável entre mente e corpo. Ao longo da história, teóricos e pesquisadores contribuíram para essa área, destacando a importância de considerar fatores psicológicos na compreensão e tratamento de condições físicas. A integração de diversas perspectivas teóricas e práticas clínicas continua a enriquecer nosso entendimento da complexa interação entre mente e corpo, oferecendo caminhos promissores para uma abordagem mais abrangente e eficaz à saúde humana.

A busca por uma conexão entre mente e corpo é uma jornada que leva por trilhas inexploradas. Há um caminho vasto nesse universo em sua mente.

A relação entre corpo e mente é uma temática complexa e fascinante, e a compreensão dessa interconexão desempenha um papel crucial no nosso bem-estar. Neste breve capítulo, exploraremos as nuances dessa conexão, destacando teorias que fundamentam essa relação intrincada.

Psicossomática e a influência mútua

A abordagem psicossomática destaca a interação constante entre as dimensões psicológicas e físicas. O estresse emocional, por exemplo, pode manifestar-se fisicamente, desencadeando sintomas como dores de cabeça, náuseas, dores musculares e distúrbios gastrointestinais. O renomado psicólogo Franz Alexander foi pioneiro ao desenvolver o conceito de "doença psicossomática", enfatizando como as emoções podem impactar diretamente a saúde física.

Mindfulness e consciência corporal

A prática da atenção plena, ou mindfulness, tornou-se uma ferramenta valiosa na promoção da conexão entre corpo e mente. Ao cultivar a consciência do momento presente, indivíduos podem desenvolver uma compreensão mais profunda das sensações corporais, emoções e pensamentos. A meditação mindfulness, por exemplo, é frequentemente associada à redução do estresse e à melhoria da saúde física em mental.

Teoria polivagal e regulação nervosa

A teoria polivagal, proposta por Stephen Porges, oferece uma perspectiva neurofisiológica sobre a conexão corpo-mente. Porges argumenta que ao navegar pelo sistema nervoso autônomo desempenha um papel crucial na regulação emocional e social. Compreender a dinâmica entre os estados de segurança, perigo e imobilidade pode fornecer insights sobre como as experiências emocionais moldam respostas fisiológicas. Conectar-se com suas emoções torna-se uma dança sincronizada permitindo navegar pelos altos e baixos da vida com mais graça.

Epigenética e a influência do ambiente

A epigenética examina como as experiências de vida e o ambiente podem influenciar a expressão genética. Estudos sugerem que experiências traumáticas podem afetar não apenas a saúde mental, mas também a física, modificando a forma como os genes são ativados ou desativados. Essa interação entre ambiente, experiências emocionais e expressão genética destaca a complexidade da conexão corpo-mente. Ao explorar o campo epigenética, podemos observar que as experiências deixam marcas no código genético. As escolhas diárias moldam não apenas a saúde mental, mas também a expressão dos genes. Cada hábito saudável é um tijolo na construção de um alicerce resistente para uma mente sã e um corpo mais resiliente.

Integração

A prática de exercícios de respiração é conhecida por integrar corpo, mente e espírito, sendo o indivíduo reservando um tempo para olhar para dentro. A oração, a respiração consciente e a meditação são componentes fundamentais que buscam equilibrar e fortalecer a conexão entre corpo e mente. Diversos estudos sugerem a prática de exercícios respiratórios que podem ter efeitos benéficos na redução do stress, ansiedade e depressão.

Neuroplasticidade e a moldagem cerebral

A neuroplasticidade refere-se à capacidade do cérebro de se reorganizar e se adaptar em resposta às experiências. Isso implica que nossas experiências emocionais e mentais podem, literalmente, moldar a estrutura do cérebro. A prática consistente de hábitos saudáveis, como exercícios físicos e estimulação cognitiva, pode contribuir para uma neuroplasticidade positiva, fortalecendo a conexão entre corpo e mente.

Psicologia positiva e bem-estar integral

A psicologia positiva propõe uma abordagem que vai além da simples redução de sintomas, buscando promover o florescimento humano e o bem-estar integral. Um dos aspectos para caminho da melhora é cultivar a gratidão, que é solo fértil para o crescimento pessoal e espiritual. Com a gratidão, propósito de vida e relações interpessoais saudáveis, a psicologia positiva reconhece a importância de nutrir tanto a saúde mental quanto a física. A gratidão é um nutriente sua mente transformar a visão de mundo. Ao semear pensamentos positivos, a colheita é uma saúde mental vibrante.

Medicina integrativa

A medicina integrativa busca unir práticas convencionais e complementares, reconhecendo a interconexão entre mente, corpo e espírito. Terapias como hipnoterapia e quiropraxial, muitas vezes são exemplos de como diversas práticas podem ser combinadas para promover o equilíbrio e a harmonia. Quando corpo e mente se alinham dançam em uma sincronia em que ecoa a melodia da cura.

Conclusão

A conexão entre corpo e mente é intrincada, envolvendo uma rede complexa de fatores psicológicos, fisiológicos e ambientais. Teorias como a psicossomática, mindfulness, teoria polivagal, epigenética, neuroplasticidade e psicologia positiva oferecem diferentes perspectivas sobre essa relação crucial. Ao integrar essas abordagens, é possível desenvolver uma compreensão mais profunda do ser humano, promovendo o bem-estar integral. Cultivar essa conexão beneficia não apenas a saúde física e mental individual, mas também contribui para uma sociedade mais equilibrada e compassiva.

Ao final dessa jornada, compreende-se que a conexão entre mente e corpo é uma sinfonia pessoal. Cada movimento, cada pensamento, cada escolha é uma nota única na orquestra da sua vida. Conexão corpo e mente é uma dança harmoniosa, e a jornada revela que a verdadeira conexão não está apenas na compreensão teórica, mas na experiência viva e na celebração da harmonia interior. A jornada continua, uma busca incessante pela melodia da autenticidade e do bem-estar.

“Mude a sua mente e você mudará sua realidade.”

Cris Castro

eusoudanimilani

@danielamilani

www.danimilani.com

Daniela Milani

Sou Daniela Milani de Oliveira, tenho 46 anos, sou cidadã do mundo e mãe de três filhos. Resido, atualmente, na Argentina, mas minha jornada levou minha família por diversos lugares. Formei-me como dentista em 2001, exerci por 17 anos, até que um descolamento de retina me fez mudar de rumo. Optei por recomeçar com um propósito: entrei no universo do Desenvolvimento Humano.

Estudei análise corporal, biodecodificação, gestão de pessoas, psicologia, psicanálise e um MBA em negócios, e isso moldou a minha trajetória. Hoje, sou mentora de transformação para mulheres. Resisto a rótulos, então é desafiador resumir em poucas palavras o que realmente faço. Meus processos não criam apenas novos negócios ou profissões, mas reinventam mulheres.

Já orientei mais de 1500 alunas a transformarem suas vidas, aprimorarem seus resultados e a desenharem novas trajetórias.

10 APRENDER COM MENTORES E MODELOS INSPIRADORES

Por Daniela Milani

Nunca tive mentores. Era o que eu pensava orgulhosamente até tocar o fundo do poço, financeiro e emocional. O que aconteceu na minha vida até então era o que pode acontecer com muitos de vocês: eu tinha mentores que desconhecia. A todo tempo temos mentores, consciente ou inconscientemente.

Eles podem se manifestar de diversas formas – um amigo de confiança, um livro inspirador ou até mesmo uma experiência dolorosa que nos força a repensar nossas escolhas. Podem ser mentores do bem, que te levam para frente, ou mentores do mal, que reforçam nossas dores, crenças, travas e atrasam nossa evolução. Isso irei tratar mais adiante.

Minha jornada pessoal foi marcada por uma convicção inabalável na minha capacidade de superar desafios sozinha. Cresci em um ambiente violento e desde pequena aprendi a me virar sozinha, afinal de contas, os meus pais estavam muito ocupados lidando com seus próprios problemas, e eu não poderia ser mais um. Então, desde muito pequena aprendi a valorizar a independência e a autossuficiência. Sempre reforçava em minha mente a ideia de que buscar ajuda era um sinal de fraqueza, burrice, ineficiência e falta de coragem, foco ou determinação. Por anos, acreditei fielmente nessa filosofia, assumindo o controle de minha vida com determinação implacável. No entanto, com o passar do tempo, percebi que essa atitude, embora aparentemente corajosa, me fechou para oportunidades valiosas de aprendizado e crescimento.

Eu sempre fui muito empreendedora, desde pequena. Meu primeiro empreendimento foi aos 12 anos e nunca mais parei. Empreendi em diversas áreas, me formei em odontologia, casei, tive filhos, construí clínicas enormes de odontologia, mudei de país, vivi na África, morei no "fim do mundo", literalmente, lá na Patagônia. Em poucos anos, construí diversas vidas em uma. Isso tudo até completar 40 anos. Quando completei 40 anos, um problema de saúde me fez terminar com minha carreira profissional. Isso, aliado ao fato de ter tido uma infância turbulenta, da luta diária pela independência e pela autoafirmação e as diversas vidas em uma, fez com que eu colapsasse.

Eu literalmente não tinha forças para continuar e, aos 40 anos, não conseguia encontrar um novo sentido a minha vida.

Foi neste momento que, por essas coisas que tem a vida de vez em quando, me surgiu uma mentora. Uma pessoa que me estendeu a mão e me disse: vem, eu já estive exatamente neste lugar que você está e sei como sair daí. Nunca me esqueço da única advertência que me fez: Eu te ajudo, mas você precisa mover as suas pernas. Foi graça àquela mão e àquele empurrão que eu consegui me levantar.

Naquele momento, entendi que eu tinha tido mentores a minha vida inteira, mas, pela primeira vez na vida, estava escolhendo alguém para me ajudar de forma consciente. Por que afirmo que temos mentores inconscientes ao longo da nossa vida? Porque somos criados por pais que nos ensinam parte do caminho, educados por uma escola que ensina outra parte, escolhemos amigos, que nos levam ao topo ou ao fundo, assistimos a programas e televisão que nos motivam ou nos emburrecem. Todos são mentores. Precisamos aprender, de forma consciente e friamente, a escolher melhores mentores para chegarmos a melhores resultados.

O objetivo de buscar uma mentoria não é chegar ao ápice do seu negócio, da sua profissão ou do tema pelo qual você busca ajuda, mas sim passar de nível, subir de degrau. Eu costumo brincar com minhas alunas e digo que o objetivo é passar de fase, como num jogo de videogame. Uma mentoria não deve ser extremamente longa, do contrário, será prejudicial, um bom processo de mentoria deve terminar, e o mentorado, ao final do processo, deve ser capaz de buscar outros mentores, outras fontes de conhecimento e de caminhar com as próprias pernas.

Para mim, como boa mentora que sou, sei que um processo de mentoria foi eficiente quando meu mentorado me ultrapassa, quando vejo que, depois de um tempo, ele domina e sabe mais do assunto em que lhe ajudei do que eu mesma, sinal de que bebeu de outras fontes. Ao contrário do que muitos poderiam imaginar, um bom mentor tem o ego controlado, ele fica feliz quando o aprendiz supera o mestre. Eu, pelo menos, fico.

Um mentor, por si só, não te leva a lugar nenhum que você não esteja disposto a ir, é necessária ação, mas o que um bom mentor faz, quando escolhemos intencionalmente, é dizer, através de palavras ou gestos: você consegue. É o que te ajuda a escolher um novo caminho a seguir e te faz encurtar o tempo.

Eu divido o conhecimento, quaisquer que sejam, por questões didáticas em quatro degraus, que eu chamo de escada do conhecimento, quer você seja um mentor ou uma pessoa em busca de uma mentoria, é importante entender como isso funciona e como o seu mentor pode e deve atuar para levar o mentorado a um novo nível. Um mentor deve saber ensinar um ou mais destes degraus ao aluno para acelerar o seu processo de subida de nível:

- **Conhecimento técnico:** este é o primeiro degrau, pois um bom mentor deve dominar a teoria sobre o tema em que pretende dar a mentoria. Estar embasado e buscar conhecimento em livros, faculdades, congressos e especializações é fundamental para a excelência de um mentor. Ligue o sinal de alerta se o mentor não lê nem indica livros, se não participa de reuniões, cursos ou atualizações teóricas da sua área. É impossível ser um bom mentor somente como conhecimento prático.

- **Conhecimento emocional:** este é o segundo degrau. É preciso ter conhecimento emocional da área de atuação do mentor: quais medos, sentimentos, expectativas e frustrações o aluno irá sentir e se travar ao longo do processo? Como superar essas travas? Em que momento as dificuldades aparecerão e como preparar o aluno para o que está por vir? Quais as ferramentas e expectativas eu preciso preparar para ajudar o mentorado a se preparar e ultrapassar com o processo?

- **Conhecimento estratégico:** este é o terceiro degrau. Quais são os próximos passos? Qual é o caminho mais inteligente a ser seguido? Como otimizar recursos, tempo e expertise?

- **Conhecimento mercadológico:** por fim, este é o quarto degrau. Como o mundo exterior se comporta ou reage às necessidades ou produtos ou comportamento do mentorado? Quais são os desafios externos que podemos controlar, o que esperar de resposta desse mundo externo? Como encontrar respostas melhores e mais favoráveis?

Além disso, caro leitor, fiz uma lista de quais seriam as características de um bom mestre, como identificar e entender, neste mundo onde parece que qualquer pessoa se torna um mentor porque está na moda, para que você não seja enganado e tenha realmente a ajuda de que precisa.

As características de um excelente mentor podem variar, mas, geralmente, incluem habilidades e qualidades que contribuem para um relacionamento de aprendizado eficaz. Aqui estão algumas características comuns de bons mentores:

1. **Empatia:** um bom mentor deve ser capaz de entender e se identificar com as experiências e desafios do aprendiz.
2. **Comunicação clara:** a capacidade de comunicar informações de forma clara e compreensível é crucial para um mentor. Isso inclui ouvir atentamente e fornecer *feedback* construtivo.
3. **Experiência e conhecimento:** um mentor eficaz geralmente tem experiência e conhecimento relevantes no campo em que estão orientando. Compartilhar essas experiências pode ser inestimável para o aprendiz.
4. **Habilidade de orientação:** ser capaz de orientar, aconselhar e oferecer *insights* práticos é uma habilidade fundamental para um mentor.
5. **Incentivo ao desenvolvimento pessoal:** bons mentores estão interessados no crescimento pessoal e profissional de seus aprendizes. Eles incentivam o desenvolvimento contínuo e desafiam positivamente seus orientandos.
6. **Abertura a novas ideias:** um mentor eficaz está disposto a considerar novas perspectivas e aberto a aprender com o aprendiz, criando, assim, um ambiente de troca mútua. Hoje, vejo que aprendi muito mais com minhas alunas do que poderia imaginar.
7. **Comprometimento e consistência:** o compromisso em dedicar tempo e esforço para orientar de maneira consistente é vital para o sucesso da relação mentor-aprendiz.
8. **Honestidade e integridade:** a honestidade e a integridade são fundamentais. Um mentor que age com ética e transparência constrói confiança e respeito.
9. **Foco no aprendiz:** um bom mentor coloca o aprendiz no centro do processo, adaptando seu estilo de orientação às necessidades individuais do aprendiz.

10. **Resiliência:** a capacidade de lidar com desafios e incertezas é importante. Um mentor resiliente pode oferecer suporte mesmo quando as coisas não estão indo conforme o planejado.

Além desses dez tópicos, vale salientar que um excelente mentor não faz juízo de valor; ele mantém a confidencialidade, respeita o tempo do mentorado e encontra maneiras de fazê-lo avançar.

Um excelente processo de mentoria é estruturado, mas livre, ao mesmo tempo. Tem começo meio e fim, sem ser engessado. Parece paradoxal e é, mas é assim que deve ser: livre, atendendo às expectativas do cliente, mas firme para levar o cliente aonde ele necessita.

É com essa profunda compreensão, hoje em dia, da importância dos mentores, conscientes e inconscientes, que me vejo compelida a compartilhar a importância de buscar mentoria ativa e intencional. Ao longo dessa jornada, descobri a essência transformadora de ter guias sábios e compassivos que podem iluminar nosso caminho e nos capacitar a atingir todo o nosso potencial.

Permitam-me, portanto, convidar você a buscar em outras pessoas, mentores, sabedoria acumulada de anos de aprendizado e reflexão sobre as mais variadas áreas da vida. Arrisque-se a provar o poder de uma mentoria e como ela pode alterar o curso da sua vida de maneiras inimagináveis.

"Ter um mentor é dar-se permissão para ser ajudada, é uma ponte para o desconhecido, onde a sabedoria se entrelaça com a coragem."

Daniela Milani

diomario.mentor

diomariohypnus

diomario.mentor

HYPNUS-AcesseseuSubconsciente

Diomário Ferreira

Nasci em 19 de janeiro de 1973, no interior de Minas Gerais, numa pequena cidade do triângulo mineiro chamada Iturama, onde passei toda minha juventude.

Aos 14 anos, saí de casa e fui morar sozinho em uma construção abandonada, sem portas ou janelas. Após superar muitas dificuldades e achando que tudo já havia se resolvido, em 12 de junho de 2010, aos 37 anos, fiquei viúvo (outra hora falaremos sobre isso). Naquele momento fatídico, ela morreu... e eu nasci!

Percebi, então, que vivemos correndo da morte para tentarmos viver, e quando ela chega, nos revela que era preciso estar presentes o tempo todo, sendo melhor a cada instante. Por isso, é preciso sempre fazer valer cada momento. Hoje, sou palestrante, escritor, mentor e terapeuta emocional, e, para isso, tenho que estar presente no maior de todos os presentes: o agora. A vida acontece agora!

11 MENTE PLENA: O PODER DA ATENÇÃO NO PRESENTE

Por Diomário Ferreira

Apenas esteja presente! Já parou para olhar a sua volta?

Pare por alguns instantes e olhe em volta de si mesmo. Perceba como as pessoas têm se comportado hoje em dia.

É interessante, porque, apesar de um profundo descompromisso com seu próximo, em que as próprias dores e necessidades são sempre maiores e mais urgentes, há uma enorme e crescente abstração de si mesmo. Talvez por isso a maioria das pessoas tem sido praticamente atropelada pelos males do emocional.

Ansiedade, depressão, estresse, as famosas fibromialgias, enxaquecas, alergias, gastrites, rinites, úlceras e muitas outras que por vezes nem imaginamos aparecem, e só após muita investigação é que descobrimos suas causas emocionais. Mas, até lá, já estamos transbordando de remédios e tentativas vãs.

Aposto que você que está lendo este livro já sentiu alguma dessas coisas que parecem ter surgido do nada, de repente, e da mesma forma desaparecem, dificultando ainda mais o diagnóstico e o tratamento que muitas vezes fica a cargo dos famosos "e se.." E se for isso, e se for aquilo, contando com a sorte para que algo aconteça.

Mas existe um padrão?

Em um dos métodos de averiguação de causas está a criminalística. Nela se verifica a causa mais comum, ou seja, o que mais se repete. Vou dar um exemplo prático e fácil para um melhor entendimento.

Imagine um circuito de festas e todas as vezes em que eu estou presente numa dessas festas alguém morre. Na sua opinião, quem é o culpado? Exatamente. O que gera maior reincidência dita um padrão, e isso levanta suspeita.

No caso dos males do emocional também isso é possível. Mas as pessoas só começam a investigar esse lado quando a coisa já está feia e vários males já se instalaram de forma crônica.

Ok, mas o que uma atenção no presente tem a ver com tudo isso? Simples. As coisas só chegam a ponto de estourarem porque não estamos presentes, e só percebemos o mal depois de ele ter se instalado.

Todos nós somos seres de hábitos, altamente sugestionáveis e automatizados.

Como assim? Todos nós funcionamos da mesma forma de pensar, automatizando nossos comportamentos para que eles aconteçam depois, mesmo que nem percebamos isso.

Imagine-se quando amarrou o tênis pela primeira vez. Naquela época, amarrar o tênis era muito difícil e não ficava muito bem amarrado. Com o tempo, devido à prática, seu cérebro foi automatizando isso, e agora, mesmo que alguém te chame a atenção enquanto amarra os tênis, você continua fazendo isso e nem percebe que acabou ou que fez essa ação. Isso acontece porque nosso cérebro tende a automatizar comportamentos repetitivos para que tenhamos tempo para criar coisas novas e nos concentrarmos em sobreviver.

Isso seria ótimo se novos comportamentos não tivessem sido adquiridos com maior prioridade devido a sua atratividade e comodidade.

Com a comodidade da vida moderna, redes sociais e muitas outras aparentes facilidades, fomos nos distanciando de nós mesmos, tomando como referência fatos externos.

Na minha visão, não consigo separar o "eu" (criatura) de "Deus" (criador), sendo assim, acredito que, ao nos distanciarmos de nós mesmos, também nos distanciamos de Deus, e toda criatura que se distancia do seu Criador perde seu propósito.

Salomão, o mais sábio dos sábios, diz em Provérbios 4-23 que: "De todas as coisas que se deve guardar, guardai o seu coração", em Mateus 6:21: "Onde estiver o seu tesouro, também estará o seu coração".

O coração do homem, a sua essência, sua origem, tem um lastro emocional tão grande que popularmente é de lá que se origina toda emoção. E falando em origem, é ele o primeiro órgão a ser gerado no corpo humano. Então, se você quer se conectar consigo mesmo e estar presente, comece por ouvir o seu coração.

Pare e pense por alguns instantes: Quando há algum formigamento no seu corpo, ele acontece nas mãos e pés ou no seu tórax?

As árvores começam a ressecar nas pontas dos galhos ou no tronco?

No caso da árvore, quanto mais distante da raiz (origem), mais difícil de se manter ligado a ela. Uma simples brisa é capaz de derrubar suas folhas...

No caso do ser humano, quanto mais distante do coração, mais difícil de obter irrigação sanguínea, o que acarreta o formigamento facilmente.

Mas o que isso quer dizer? Quer dizer que quanto mais distante da origem, mais difícil fica se manter ligado a ela.

Hoje, porém, sabemos que o corpo humano é sistêmico e todo interligado. Mas, ainda assim, algumas partes têm um significado carregado de sensações.

Conecte-se ao seu coração, conecte-se a Deus e estabeleça um laço eterno, atemporal com sua essência e consigo mesmo.

Isso parece loucura, eu sei. Não pode ser tão simples. Então anote essa frase para você: "Se as pessoas soubessem o poder do simples, elas seriam simplesmente poderosas".

Como eu disse, somos seres de hábitos sugestionáveis e automáticos. Por isso as coisas acontecem sem que muitas vezes percebamos. Elas vêm sorrateiras e, quando nos damos conta, já foi.

O que poucos ou ninguém fala é que isso também pode ser algo bom.

Ao nos conectarmos, estarmos presentes, temos a condição de direcionar essas ações para realizar nossos objetivos. Está aí o poder do simples!

Ao fazer coisas simples, gastamos menos energia, o que burla o fator crítico do cérebro e, sem perceber, permite que tais ações aconteçam.

Conforme elas começam a se repetir, criando um padrão, elas vão sendo automatizadas pelo cérebro e começam a fazer parte de quem você é. Através de um empilhamento, tais ações simples vão se acumulando, e os resultados são cada vez maiores, o que faz com que o simples ato de tampar a pasta de dentes gere um padrão de comportamento de excelência e você não aceita menos que ótimo em qualquer coisa que seja.

Uma mente plena, presente no agora, é capaz de identificar isso e não permitir que a sorrateracidade domine suas ações, fazendo de você não um escravo das consequências, mas sim o senhor dos seus resultados.

Ao perceber tamanho poder do simples, estando de mente presente e usando de total intencionalidade, você guia suas ações mais simples para que produzam resultados fantásticos.

Entenda, tudo é criado com rotina e disciplina. Mas por você não estar presente no momento, não consegue identificar o que está acontecendo.

Por exemplo: na sala de aula, as crianças sentam sempre no mesmo lugar, mesmo que a professora não diga nada. Em casa, você tem seu lugar no sofá, na mesa, na cama, e até uma posição para dormir. Toma banho, dorme, come praticamente sempre no mesmo horário. Mas tudo isso acontece tantas vezes que seu fator crítico do cérebro deixou de prestar atenção, afinal, não quer se desgastar com isso que acontece todo dia. Deixe a energia produzida ser gasta com coisas novas, nas quais são necessários mais atenção e raciocínio.

Quer mais um exemplo?

Em atividades de risco, o maior índice de acidentes é com pessoas que já se sentem expert, velhos de casa e executam suas tarefas há muito tempo, fazendo-as de forma automática. É nessa hora que os acidentes acontecem, porque se para de prestar a atenção e faz-se tudo automaticamente, e muito do que era prazeroso, apesar de ainda estar acontecendo, deixa de ser. Não porque mudou, mas porque você deixou de prestar atenção, deixou de estar presente.

Acidentes de trânsito acontecem geralmente nos últimos quilômetros da viagem, onde o cérebro já começa a automatizar o processo.

Várias estradas precisam de curvas exatamente para quebrarem o efeito hipnótico causado por aquele estado constante, quando o condutor começa a agir no automático.

Entendeu agora? Sabendo disso agora, você pode direcionar toda essa automatização para que comportamentos de excelência sejam feitos sem esforço, gerando resultados extraordinários.

Basta que estabeleça para você mesmo aonde quer chegar, identifique as coisas pelo caminho e comece sendo o melhor que puder, a todo momento. Mas, lembre-se: melhor do que você mesmo; e não melhor do que ninguém. Dessa forma, mantendo o foco em si mesmo e a mente com atenção no presente, poderá perceber possíveis desvios da rota e corrigi-los antes que te levem a outro destino que não seja o seu.

E, para conectá-lo consigo mesmo, quero propor um breve, mas potente exercício. Vamos lá?

Coloque-se de forma tranquila e confortável, talvez numa cadeira, poltrona ou até mesmo deitado.

Respire profundamente, puxe pelo nariz, prenda a respiração por 2 a 3 segundos e solte pela boca.

Repita esse processo por umas 3 vezes e você vai começar a perceber uma calmaria, um relaxamento tomando conta de você.

Eu sei. Virão vários pensamentos a sua mente, mas se concentre na sua respiração e comece a perceber o ar que passa pelo seu nariz, as narinas dilatam, o ar percorre seu caminho e passa pela garganta...

Seu peito se expande com a entrada do ar e volta ao normal quando ele sai.

Agora, de posse de si mesmo, comece a perceber seu corpo. O ambiente a sua volta, e ainda sem interferir no seu estado, perceba os sons que ouve.

Comece a perceber cada vez de forma mais isolada cada som, o clima, o vento, os cheiros...

Respire profundamente e perceba que o relaxamento cresce a cada respiração, e sua percepção de tudo fica cada vez maior.

Permaneça nesse estado por pelo menos 3 minutos (não há tempo limite) e repita-o todos os dias por, pelo menos, 7 dias (uma semana inteira), sempre no mesmo horário.

Não se espante! Ao final desse período, você já perceberá coisas que, mesmo fazendo parte da sua rotina, você não percebia há muito tempo.

Agora, apenas esteja presente e seja grato!

Eu convido você a fazer parte, estar presente no presente e perceber a magnitude de algo extraordinário que está com você desde o início: a sua vida!

Viva, afinal, a vida, só acontece agora!

"Jogue sua mente e seu corpo vai junto! Quando você decide o que você quer, o Universo (ou como preferir chamar) começa a te mostrar como."

Diomário Ferreira

erikamello_terapia
Erika Mello Terapias

Erika Mello

Decidi parar de sofrer, e foi assim que tudo começou.

Nasci em um lar confuso e tive que ir sozinha e em silêncio buscar a ajuda de que precisava. O primeiro passo foi na espiritualidade, depois, nas energias, nas dimensões e, com as infinitas possibilidades, veio a física quântica, a neurociência, a psicanálise, as ciências comportamentais, a hipnoterapia, as reprogramações mentais e de relacionamentos e, para equilibrar tudo isso, a Aura Master, a radiestesia, além de muitos cursos e mentorias.

Até o momento, são mais de 12 anos de dedicação diária aos estudos e ao aprimoramento humano, ajudando centenas de pessoas a terem suas vidas transformadas, assim como fiz com a minha.

Hoje, concilio a vida profissional em diversas atividades terapêuticas e espirituais, palestras, cursos e na atividade mais importante da minha vida, a de guiar meus amados filhos, João e Heitor, nesta vida.

12 APRENDIZADO AO LONGO DA VIDA (O SEGREDO DA MENTE DOS GRANDES MESTRES)

Por Erika Mello

Falar sobre aprendizado ao longo da vida por si só já é algo complexo, se pensarmos nisso associado ao "segredo dos grandes mestres" torna-se ainda mais desafiador. A palavra mestre vem do latim "magister" - o que manda, dirige, ordena, ensina, guia, conduz.

Sendo assim, qualquer pessoa que esteja na posição de conduzir um ensinamento, que possua habilidade e conhecimento para tal torna-se mestre.

O tema que vou lhes apresentar neste capítulo aborda não somente a temática do aprendizado através de fatos do cotidiano, mas também como absorver de forma prática o conhecimento de quem já se aprimorou nas áreas da vida que desejamos progresso.

Não lhes parece curioso que em uma era onde o acesso à informação é tão simples e fácil as pessoas continuem tendo tantos problemas?

Para qualquer questão que se queira aprofundar e ou resolver, existe na maioria dos casos centenas de respostas a apenas um clique de distância. Eu não entrarei na ceara das pessoas que se encontram em situações extremas de subsistência ou culturas longínquas, minha ideia é acessar você, isso mesmo, você, que tem acesso a este livro e, por suposição, também possui acesso a internet.

Dito isso, como pode em tempos como estes as pessoas terem problemas e dores emocionais considerados elas próprias insolúveis?

A razão disso é que, apesar de a informação ser uma imensa aliada da evolução humana, esse volume infinito e constante pode se tornar um alienador, uma vez que podemos escolher sozinhos os conteúdos que iremos consumir, fazendo, assim, da própria informação uma armadilha no caminho do desenvolvimento pessoal.

Quando uma escolha está baseada apenas no "querer" momentâneo, nas nossas vontades individuais ou em crenças coletivas, estamos impedindo que informações diferentes das que conhecemos cheguem até nós.

O nível de maturidade emocional e a bagagem de experiências definem que tipo de escolhas que faremos. Este comportamento chamo de "antimestre", pois a função do mestre é fazer com que seu aprendiz evolua a partir das lições (escolhas) que receberá, no intuito de desenvolver novas percepções e habilidades.

Nosso cérebro é biologicamente programado para nos manter vivos e confortáveis, um simples pensamento sobre algo trágico ou bom altera consideravelmente nossa bioquímica, liberando neurotransmissores para combater, fugir ou relaxar. Seguindo por este raciocínio, toda informação que não obrigue seu cérebro a "trabalhar mais" se tornará instantaneamente muito mais atraente.

"Não precisar pensar" traz uma sensação de conforto e facilidade porque o cérebro passa a funcionar de forma automática.

Quantas vezes fazemos algo como escovar os dentes ou voltar pra casa e sequer nos lembramos de como foi tal experiência?

Isso acontece porque o sistema "piloto automático" do cérebro foi acionado, o corpo sabe exatamente o que fazer, nada de diferente acontece, você já fez isso centenas de vezes, apenas quando algo muito inusitado acontece, como uma sirene tocar ou alguém chamar por seu nome, é que despertamos deste quase transe.

Já as escolhas dos conteúdos feitas pelo "mestre" (detentor do conhecimento) conduz o aprendiz a um novo ponto de referência, uma nova percepção que, por sua vez, levará o aprendiz a fazer novas e melhores escolhas.

Quando esse ciclo de escolhas que são diferentes das que conhecemos ou fazemos normalmente se repete por muitas e muitas vezes, o crescimento é inevitável, pois novas percepções emocionais, sensoriais e comportamentais estão sendo formadas.

É dessa forma que acontece o processo de maturidade. Ele pode acontecer de forma intencional, quando buscamos conhecimento e abrimos mão dos "eusmesmismos" (palavra que uso para descrever quando alguém aceita apenas aquilo que lhe convém), quando utilizamos um mestre (pais, professores, guias, livros, estudos e bons exemplos) ou quando insistimos copiosamente em fazer escolhas desajustadas.

A verdade é que quem conseguir passar inúmeras vezes pelos degraus, obstáculos, pelo novo ou por aquilo que nossa mente não sabe a resposta imediata começa a tomar decisões melhores e mais assertivas, obtendo conquistas mais leves e rápidas.

Este ó verdadeiro atalho do sucesso!

Perceba que à medida que vamos avançando este capítulo, a ideia de conforto e trabalho se torna o exato oposto de como as utilizamos no dia a dia, isso porque, erroneamente, associamos a palavra conforto ao estado de felicidade, e trabalho está associado a algo ruim que fazemos apenas por obrigação, e não por escolha.

Neste ponto, voltamos ao parágrafo onde falo sobre fazer escolhas apenas baseadas no nosso querer e o quanto isso nos mantêm estagnados e com a falsa ideia de conforto e bem-estar.

Você pode estar pensando agora: "tá" bom, mas como é que eu coloco tudo isso em prática? Ou, talvez: Você está sugerindo que eu tome decisões que são contra a minha vontade?

É agora que vamos falar sobre os grandes mestres e por que são considerados assim.

"O segredo da mudança é focar toda nossa energia não em lutar com o antigo, mas em construir o novo" (Sócrates).

Essa frase de Sócrates define bem a ideia a qual estou lhes passando aqui, lutar como o antigo é muito mais que uma mera teimosia, é um lugar simultaneamente de estagnação e conforto, mas não o conforto da recompensa, o conforto imaturo de apenas fazer aquilo que lhe convém, isso é o exercício de uma prática que popularmente chamamos de zona de conforto.

Cada vez que praticamos esse conforto estagnado sem perceber, vamos nos tornando intolerantes ao novo, às objeções, às adversidades e, por sua vez, diminuímos a habilidade de resolver problemas.

Lutar com o antigo, como diz Sócrates, nada mais é do que qualquer ação que garanta que não tenhamos que estabelecer novos comportamentos, e assim não será necessário refazer nossas bases emocionais e psicológicas.

O que pouco paramos para pensar é que, a cada conquista que temos na vida, novos parâmetros emocionais e psicológicos são automaticamente estabelecidos.

Quando queremos comprar uma casa para sair do aluguel, arrumar um emprego ou estamos tentando ter um bebê, um determinado padrão de pensamentos e emoções são definidos por esses fatos. As preocupações são sobre como conseguir tais coisas, no entanto, assim que as conseguimos, um novo padrão se estabelece e paramos de nos preocupar com o atraso do aluguel, com a falta do dinheiro no fim do mês ou com o desejo de tornar-se pais.

Agora, as questões serão outras, novas metas, novos tipos de problemas, novos padrões de comportamento, novas emoções, tudo novo, percebe?

Algumas pessoas podem estar afirmando para si mesmas neste momento:

Mas eu quero o novo! Eu amo novidade!

Eu quero, mas o novo não vem... e por aí vai...

Já ouvi inúmeras vezes em meu consultório essas afirmações, e confesso que eu mesma já fui assim.

Desejar o novo já é um bom começo, porem, é impossível receber o novo em nossas vidas sem que as mudanças que citei acima aconteçam também, é preciso aceitar e permitir que os novos padrões de pensamentos, de comportamento e até mesmo emocionais se estabeleçam, do contrário, a mudança até pode acontecer, mas ela não se sustentará.

O primeiro padrão que precisamos mudar é o de super valorizar aquilo que nos deixa confortável instantaneamente porque isso não nos desafia, entende?

Quando alguém deseja e mentaliza viver coisas novas, mas mantém um comportamento sem novas ações, está, na verdade, gerando de sofrimento para si mesmo.

Os grandes mestres nos ensinam que, independentemente da lição que está sendo dada, é impossível que ela se estabeleça se mantivermos os velhos padrões de pensamentos e de comportamento.

O papel do mestre é nos levar para o próximo nível, mas precisamos nos permitir ser coerentes, estar em vigília para que o piloto automático não assuma o comando e use a programação mais fácil e confortável para ele.

Eu sei que agora isso pode parecer complicado, mas, assim como o piloto automático parece fácil neste momento, treinar para não permanecer na zona de conforto se tornará automático também.

Esta é a grande mágica da reprogramação mental e comportamental que tanto se fala hoje em dia.

Eu não posso afirmar se será fácil ou difícil para você, isso é algo muito particular e depende, principalmente, da predisposição de cada um em resistir ao "eu quero assim", "eu gosto assim", "só aceito desta ou daquela forma", ou seja: quando você entende que alguns dos nossos "gostos", na verdade, são mecanismos para evitar mudanças, você simplesmente faz tudo que pode para mudar.

A noção de conforto e recompensa começa a mudar à medida que você entende qual tipo de atitude irá te ajudar com seus objetivos.

Neste ponto, tudo muda, a forma de se relacionar com as pessoas, como você lida com seus compromissos, a autoestima e a autoconfiança tomam o lugar do medo, da resistência, da insegurança, tudo isso porque você tomou a decisão madura e assertiva de aceitar que todo padrão mental, emocional e comportamental gera um resultado específico.

Eu não falei aqui sobre traumas e bloqueios especificamente porque, na realidade, ambos promovem em nós o desejo de estar em uma situação confortável e segura, e é por isso que nos impedem de progredir e seria redundante agora.

Ok, mas como eu resolvo isso?

A resposta poderia ser muito simples, basta que você pare de viver em busca do que gera prazer e conforto momentâneos e busque pelas informações que farão de você a pessoa capaz de resolver seus problemas e realizar seus sonhos.

Creio que, agora, o papel do mestre e a importância de termos um exemplo a seguir ao invés deixar nossas mentes vagando aleatoriamente por nossas escolhas tenham ficado mais claros.

Um mestre só pode ser considerado mestre quando domina as armadilhas da mente que nos mantêm estagnados.

Essa é a grande verdade, esse é o grande segredo da mente dos mestres!

Domine o desejo de sucumbir à estagnação, pois as dificuldades da vida moram no conforto da mente.

“As dificuldades da vida moram no conforto da mente.”

Erika Mello

flaviascorreia_

+55 (61) 981438743

flaviasilveiracorreia@gmail.com

Flavia Correia

Eu sou filha amada de Deus e única no mundo! Desde criança, gosto de resolver problemas, questionar o mundo ao meu redor e correr pelas ruas atrás de um bom desafio. Aprendi a não me conformar com o que me apresentaram, e esse foi o primeiro passo para mudar e viver intensamente meu propósito!

Bacharela em Matemática com MBA em Gestão de Negócios Globais e em Gestão Estratégica de Pessoas, atuo na área de TI há cerca de 25 anos, sendo 20 desses como servidora pública federal. Liderar projetos e equipes de alta performance me permitiu construir uma carreira sólida e fazer parte de inovações financeiras disruptivas.

Romper limites, ampliar possibilidades e conquistar grandes objetivos requer uma jornada poderosa de transformação. Tornei-me master coach para ajudar quem não tem tempo a perder e quer viver o extraordinário agora!

13 ACREDITE, ENFRENTAR E SUPERAR DESAFIOS É A CHAVE

Por Flavia Correia

Sempre fui aventureira e despertei para a corrida há cerca de 10 anos. Aos 48 anos, eu já havia corrido sete maratonas e estava diante de um novo desafio. Correr dois dias seguidos, sendo a distância de 21km no sábado e 42km no domingo. No entanto, não priorizei os treinos e, faltando 45 dias, decidi desistir do meu objetivo.

Se você está aqui comigo, é porque está buscando construir seu próprio caminho para uma mentalidade extraordinária. Eu te afirmo: você precisa se tornar hábil em enfrentar e superar desafios.

Existem muitas pessoas lamentando por não alcançarem seus objetivos de vida. Estão cansadas de tentativas frustradas. Elas desistiram de seus sonhos para se encaixarem nas expectativas dos outros ou nos padrões preestabelecidos. Sentem-se incapazes de dar o primeiro passo. Estão acomodadas às circunstâncias numa rotina sufocante e sem propósito. Perderam o brilho nos olhos e se conformaram com resultados medíocres.

Qual seu desafio hoje? É ler um livro, ser mais saudável, falar inglês, se reaproximar de alguém ou começar seu negócio? Aceitar um desafio significa se abrir para uma transformação. Quem decide sair da zona de conforto para fazer o que precisa ser feito assume riscos e compreende que os caminhos para alcançar os resultados desejados podem ser desafiadores, mas valem a pena.

Um desafio te motiva ou te paralisa? Se você respondeu que o desafio te paralisa, quero te ajudar a olhar com outros olhos. Provavelmente o que você sente diante de situações desafiadoras é uma forte pressão, e isso ativa em você um estado de insegurança e medo. É quando surge aquela voz questionando: Quem é você para achar que pode fazer algo tão grandioso?

É importante compreender que na vida você nunca está parado, ou você está avançando ou está retrocedendo. O que acontece é que a maioria cresce um pouco e para. E quando para, retrocede e não consegue quebrar essa barreira. É aí que entra a importância de encarar desafios. É neles que se encontram as suas habilidades para quebrar ciclos de tentativas frustradas. Por isso, mesmo que os desafios te pareçam assustadores, eu te convido a abraçá-los. Onde estão os extraordinários? Exatamente nos desafios superados.

1. Escolha o desafio certo

Uma vez que você compreende que o que vai te levar ao próximo nível é superar o próximo desafio, está na hora de escolher seu desafio. Muitos não percebem que já estão enfrentando gigantes que nem escolheram. Isso acontece quando você está apenas reagindo às circunstâncias ao seu redor. Seu desafio tem sido sobreviver a uma rotina desgastante de sobrecarga e falta de tempo. Há uma luta constante com as dúvidas e incertezas que tomam conta dos seus pensamentos. Sua energia está totalmente drenada para superar a ansiedade e o medo. Esses são sinais de que você está enfrentando o desafio errado.

Escolher seu desafio significa que, olhando para uma visão positiva de futuro, você é capaz de traçar um plano em direção a ele. Significa que, quando você superar aquele desafio, estará mais perto dos resultados desejados e da conquista do seu objetivo. Só faz sentido abandonar uma zona de conforto quando você tem uma visão clara de onde quer chegar. É preciso enxergar algo além dos obstáculos, uma recompensa que faça valer o esforço.

Esteja atento àquele incômodo que vem de dentro e acende uma chama interior por fazer algo realmente transformador. Treine seus olhos a visualizarem quem você será, após superar as barreiras que estão diante de você. Tenha uma visão positiva tão clara a ponto de gerar a paixão e a motivação que serão seu combustível ao longo da jornada.

2. Vença o desconforto da jornada

Você decidiu seguir o caminho do extraordinário, isso significa que você vai andar por lugares que nunca andou e fazer coisas que nunca fez! Você vai experimentar resultados que ainda não serão os seus melhores. Você terá medo, dúvidas e ficará inseguro por não saber o que vai acontecer.

Prepare-se para esses sentimentos, fixe os olhos na visão e continue avançando, mesmo com o desconforto. Você vai precisar vencer essa fase.

Será preciso se conhecer, se desenvolver e ganhar novas habilidades. Durante o desafio, você é esticado para aguentar um pouco mais. Não é possível saber se estamos fazendo o melhor, se ainda não conhecemos do que somos capazes. Os desafios têm o poder de revelar o seu melhor.

Durante a preparação para uma maratona eu preciso correr cerca de 50km por semana durante, ao menos, 5 meses. Nesse período, existem manhãs desafiadoras, em que a cama parece mais forte do que minha vontade de treinar. São inúmeros os obstáculos nessa preparação, mas é exatamente quando estou enfrentando essa jornada que percebo estar extraindo o melhor de mim. É quando eu preciso desenvolver disciplina, foco e determinação para alcançar meu desempenho máximo.

Quando estiver enfrentando desafios, você sempre terá duas opções diante de si mesmo. A primeira é ver o obstáculo como intransponível e, então, desistir. A outra é olhar a barreira, dizer para si mesmo que pode superá-la e, imediatamente, começar a procurar como fazer isso. É só diante das exigências de um desafio que as capacidades escondidas dentro de você serão reveladas.

Uma vez que você avança, vai se tornando consistente, com mais qualidade, e isso vai te dando domínio no que se propôs a fazer. Você entra num estado de fluxo e percebe que não está apenas ampliando suas capacidades, mas expandindo sua mente.

3. Remova os impedimentos e avance

Você decidiu se expandir, romper com os padrões estabelecidos e está caminhando com os olhos numa visão positiva, então entenda que tentar não é uma opção para quem quer superar desafios e viver o extraordinário. Você precisa decidir vencer!

Diante de desafios, é preciso estar atento ao seu comportamento para que você mantenha o foco na solução. Os maiores impedimentos para a superação são suas interferências internas. É preciso identificar e reduzi-las ao máximo. Pensamentos contaminados geram uma frequência de sentimentos negativos que influenciam suas decisões e ações. O extraordinário está exatamente em não ter medo de contrariar e questionar o mundo que te apresentaram. É preciso coragem e ousadia para ser diferente, para não precisar agradar a todos nem se cobrar pela perfeição.

Como você se comporta durante o desafio vai determinar o tempo que levará para superá-lo. Quanto mais dúvidas e temores, mais inconstância e, consequentemente, mais tempo para encontrar os caminhos de superação. Por isso, durante a jornada, foque sua energia declarando o contrário do que está vendo e continue buscando alternativas.

Quando esbarrar em algo que pareça um fracasso, corrija a rota e recomece por outro lado. Não é mais uma questão de se você deveria estar encarando aquele obstáculo, mas de como você vai deixá-lo para trás. Ame o processo de se preparar porque ele vai extrair algo novo e ainda mais poderoso de você.

4. Tenha por perto pessoas que acreditam em você

Quando eu decidi desistir do meu desafio, fui conversar com meu treinador. Ele avaliou minhas condições e disse: "Eu acredito que, se você se dedicar até lá, ainda pode realizar o desafio". Então ajustamos o treinamento e seguimos adiante. Tenha mentores que te ajudem com seus planos e estratégias. Até quando você vai ficar ouvindo as críticas de quem não construiu nada relevante?

Depois que divulguei nas redes sociais que não aceitava desistir, chamei meus amigos a me acompanharem naquela empreitada. Foi quando percebi inúmeras pessoas torcendo por mim e acreditando na minha conquista. Ao desbravar novos caminhos, confie nas pessoas. Tenha por perto aqueles que acreditam em você até mais do que você mesmo. Coisas realmente extraordinárias não são feitas sozinhas. Desenvolva a habilidade de reconhecer as pessoas certas que vão te impulsionar para o seu avanço.

5. Defina o próximo desafio

Eu tinha corrido 21km no dia anterior e terminava minha 8ª maratona. Celebrei muito porque se tratava de uma jornada de superação, temores vencidos, novos amigos e eu sentia que havia realizado algo realmente grande!

Muitos param nesse ponto e vivem de repetir conquistas passadas. Eles fazem daquele estágio alcançado sua maior vitória. O seu último sucesso pode estar te impedindo de avançar para o extraordinário. Pare, descanse e celebre cada desafio superado. Mas, em seguida, olhe para a nova visão que se apresentou e decida qual o próximo desafio. Acredite, você ainda está no começo.

Talvez você tenha chegado até aqui e ainda pensa se viver o extraordinário é realmente pra você. Você se sente o mais improvável de todos. Sente que tem um sonho ardente, mas não tem ideia de por onde começar. Eu quero contar pra você o que realmente importa.

Sua raridade não está nas suas experiências vividas ou no que você suportou ao longo da vida, ela está em quem você se torna ao longo da jornada. A sua melhor versão só é ativada quando você se dispõe a encarar um desafio. Até hoje, tudo o que você considera fracasso nada mais é do que o resultado alcançado sem ativar sua real identidade. Foi tudo o que foi feito no seu próprio entendimento.

Eu afirmo isso porque o seu Criador já te conhecia muito antes, no ventre da sua mãe. Ele escreveu cada um dos seus dias baseado em quem você é, e não no que você tem ou sabe fazer. É a sua hora de restaurar esse caminho de sucesso e abundância. É hora de dizer chega para as desculpas e se tornar o arquiteto da sua transformação, construindo a melhor versão da sua vida! Nos momentos decisivos, pergunte-se:

O que uma pessoa extraordinária faria agora?

Se você soubesse que vai dar certo, o que você ousaria fazer?

Quantas pessoas serão inspiradas quando você superar seus desafios?

Encare os obstáculos com ousadia e ative sua real identidade.

Acredite e esteja perto de quem acredita em você.

Supere cada desafio com alegria e gratidão.

Seja um extraordinário!

“Sua identidade extraordinária é ativada quando você decide encarar os desafios com ousadia e ativar suas maiores capacidades de superação.”

Flavia Correia

gilberttogiba

gilberttogiba

gilberttogiba

gilberttogibamentor@gmail.com

Gilberto Giba

Sou advogado e PhD em Direito. Faço parte da AALCO (Academia de Artes, Letras e Ciências de Olinda), bem como da UBE (União Brasileira dos Escritores).

Hoje, sou mentor comportamental voltado a ajudar pessoas no campo das emoções e me dedico a isso há mais de 13 anos, além de ser escritor e palestrante. Imerso neste universo do desenvolvimento humano, me tornei um estudioso da Neurociência, Física Quântica, Inteligência Emocional e PNL (Programação Neurolinguística), cujos conteúdos fundamentam o meu trabalho.

14 MENTALIDADE ANTIPROCRASTINAÇÃO

Por Gilberto Giba

Sabe quando você tem diversas coisas para fazer, mas a vontade de começar é zero?

Você para e fica pensando como seria maravilhoso poder adiar para amanhã e, quem sabe, para a semana que vem, e até mesmo para o próximo mês, todas as tarefas que você tem que fazer, mas aí você se dá conta de que mesmo passando dias, semanas, as coisas irão continuar lá para você fazer. Pois é, é a procrastinação dando as caras.

Apesar de termos consciência de que postergar irá comprometer a produtividade, o desempenho, a qualidade de vida, nos impedindo de alcançarmos os objetivos que tanto desejamos e que no final ainda vai rolar aquele arrependimento de não ter feito a tarefa quando deveria, é difícil resistir à tentação do "amanhã eu faço".

Porém, é importante deixar claro que procrastinação não é apenas preguiça ou falta de vontade de fazer alguma coisa, uma vez que, em muitos momentos, o medo, a ansiedade, a dúvida, a insegurança nos impede de decidirmos e fazermos o que deveria ser feito.

Estudos científicos demonstram que o ato de procrastinar também está diretamente ligado a setores do nosso cérebro responsável pela tomada de decisões e o sistema de recompensas, nos levando, cada vez mais, à busca pela satisfação imediata. Dessa forma, quando nos deparamos com tarefas complicadas, ou que não despertam nosso interesse naquele momento, o cérebro tende a nos desviar para situações que nos garantam um prazer instantâneo, como distrações ou outras atividades mais prazerosas.

Nesse sentido, apesar de não dispor, à época, do conhecimento que tenho hoje, desde tenra idade a fome e a miséria deixaram em mim sinais de que dar certo não seria uma escolha, e sim a única opção que me restaria na vida. Portanto, não tinha tempo a perder, pois quem faz o que precisa ser feito não se curva a dor.

Apesar de tudo isso, dois momentos foram cruciais para que houvesse uma "virada de chave" na minha cabeça e passasse a entender de uma vez por todas que agir com excelência, sem procrastinações e subterfúgios, seria imprescindível para conseguir realizar meus projetos de vida.

O primeiro desses momentos foi quando me tornei concurseiro. Neste universo tão competitivo, tive que buscar estratégias para superar a procrastinação pois todas as vezes que precisava estudar, sempre buscava uma forma de deixar para depois, seja me convencendo de que antes precisava comer, arrumar o espaço ou até mesmo realizar alguma atividade, que naquele momento pudesse ser considerada mais urgente, de forma que, de alguma maneira, adiasse aquela tarefa.

O segundo momento aconteceu quando me tornei pai, construí uma família e passei a ter pessoas que não só dependiam de mim, mas que, principalmente, confiavam e acreditavam em mim. Nesse instante procurei, através do autoconhecimento e da consciência, ter ainda mais controle sobre o meu emocional e, assim, tornar a procrastinação algo que não viesse a comprometer a mim e aos meus. Foi a partir de acontecimentos como esses que se forjou a minha filosofia de vida – Dê o que der, faça! – e que até hoje aplico em tudo o que preciso realizar.

Entretanto, sei que sou um ponto fora da curva, haja vista que, em pleno século XXI, a procrastinação continua sendo um comportamento comum a muitas pessoas, e como tal, capaz de causar impactos significativos em diferentes áreas da vida delas, desde o nosso emocional, incluindo os relacionamentos, a saúde, o profissional e o financeiro. Analisemos cada uma delas.

Quando se fala de emocional, comportamentos procrastinatórios podem, além de elevar o nível de estresse e ansiedade, desencadear no procrastinador sentimentos de frustração, baixa autoestima e arrependimento pelas responsabilidades não cumpridas.

No que concerne aos relacionamentos, a procrastinação é algo muito mais séria do que simplesmente deixar para depois. Por ser um terreno onde as emoções e os sentimentos estão a flor da pele, o ato de adiar coisas importantes que envolvem a relação, desenvolve um terreno fértil para mal-entendidos, ressentimentos, mágoas e decepções, ao mesmo tempo em que cria barreiras emocionais.

Já no pilar saúde, postergar cuidados essenciais como visitar regularmente o médico, realizar atividade física ou iniciar uma alimentação saudável podem resultar em diagnósticos tardios, contribuir para o surgimento de doenças e reduzir significativamente a qualidade de vida.

Em se tratando de ambiente profissional o impacto de comportamentos protelatórios, apesar de também gerar graves prejuízos para a eficiência e produtividade da equipe, põe em xeque a capacidade do procrastinador ao mesmo tempo em que gera estresse e destrói a sua reputação e confiabilidade.

Quando falamos então de finanças, os efeitos postergatórios podem não só ocasionar o pagamento de multas, juros e correções pelo atraso no cumprimento de obrigações, como também reduzir significativamente o seu potencial de investimento e crescimento financeiro.

Sendo cada ser humano uma unidade, resta indubitável que esses segmentos não sejam analisados de forma isolada. Se bem observarmos, por exemplo, a procrastinação no trabalho pode levar a estresse, que, por sua vez, pode afetar as relações amorosas e afetivas familiares. Já problemas de saúde podem diminuir a energia e a motivação, impactando o desempenho profissional.

Ou seja, atuando em muitos momentos como uma sombra persistente em nosso caminho, a procrastinação nos impede de alcançarmos o nosso verdadeiro potencial. Por isso, superarmos esse desafio e alcançarmos a mentalidade que tanto desejamos não é uma tarefa fácil, todavia, para termos êxito, é crucial adotarmos estratégias eficazes que mudem a forma como enfrentamos as nossas metas.

Assim, dividi essas estratégias em cinco passos decisivos que vão te ajudar a se libertar definitivamente da procrastinação e desenvolver uma mentalidade extraordinária.

O primeiro deles é encarar o problema de frente, pois a partir do momento que você passa a entender as suas origens e a identificar suas causas subjacentes, fica muito mais fácil se libertar desse fantasma emocional e mudar de vez sua mentalidade.

Já o segundo passo consiste em estabelecer metas factíveis e prazos realizáveis, ou seja, transforme suas grandes metas em tarefas menores, que possam ser cumpridas dentro do lapso temporal que foi estabelecido.

Desenvolver o foco é o terceiro passo dessa jornada, contudo, devemos ressaltar que foco não é apenas a convergência de esforços para alcançar determinado ponto, mas, principalmente, a capacidade de afastar distrações e tudo aquilo que lhe desvia do seu objetivo maior.

Criar novos hábitos e estabelecer rotinas que estejam em sintonia com o seu propósito de vida e sejam praticados com determinação e consistência é o quarto passo dessa caminhada que, além de te libertar de comportamentos procrastinatórios, serão decisivos na construção de uma nova mentalidade forte, pautada na realização.

O quinto e último passo consiste em associar a conclusão da tarefa que você está tendo a dificuldade de realizar com uma recompensa que lhe seja prazerosa, porque criar uma conexão entre o compromisso a ser feito e algo que você goste, direciona o seu cérebro a buscar a gratificação a longo prazo em vez de ceder as protelações.

Em outras palavras, encarar a batalha contra a procrastinação e forjar uma mentalidade extraordinária é, sem dúvida, uma trajetória emocionalmente intensa e repleta de desafios. A sensação de ter inúmeras responsabilidades pairando sobre nós, enquanto a vontade de começar parece completamente ausente, é como estar no epicentro de uma tempestade emocional.

Muitas vezes, somos tentados pela ilusão reconfortante de adiar as tarefas, sonhando com um "amanhã" utópico que nunca chega. Contudo, a realidade implacável nos lembra de que, mesmo que se passem dias, semanas ou meses, nossas obrigações persistirão, aguardando pacientemente para serem enfrentadas. A procrastinação, como uma sombra persistente, nos leva a adiar o inevitável, mas cada dia de postergação é um dia mais distante de nossos objetivos.

No entanto, ao mergulharmos nas razões mais profundas desse comportamento, reiteramos que a procrastinação vai além da simples falta de vontade. Ansiedade, dúvida e insegurança são sentinelas emocionais, assim como o perfeccionismo, o medo do desconhecido, o medo de errar, o medo de se arrepender, que muitas vezes nos impedem de agir, transformando o ato de adiar em um escudo protetor contra o desconforto do desconhecido.

Perceba que a jornada de superação da procrastinação é uma montanha-russa emocional, todavia, é na conquista desses altos e baixos que reside a transformação. Cada vitória sobre a procrastinação é uma vitória emocional, um passo em direção a uma mentalidade extraordinária. Não se trata apenas de uma mudança de hábitos, mas uma revolução interna que nos permite alcançar nosso verdadeiro potencial.

Portanto, apesar dos desafios emocionais, a caminhada para superar a procrastinação e desenvolver uma mentalidade extraordinária é um convite à autodescoberta, crescimento e, no final, à realização de nossos mais profundos anseios.

Trata-se de um processo que vai exigir de você paciência e perseverança, mas cujos resultados valerão muito a pena. Por isso, eu te pergunto: O que você está esperando? A hora de lutar e se desafiar é agora!

Faça o que precisa ser feito, entregue-se com excelência, liberte-se dos grilhões da procrastinação e descubra todo o potencial que você pode alcançar quando coloca a energia da realização a seu favor. Saia da estagnação e comece hoje mesmo a transformar a sua vida e conquistar seus objetivos!

Que essa jornada seja permeada não apenas pela racionalidade, mas também pela emoção, pois é nesse caldeirão de sentimentos que verdadeiramente encontramos a força para transcender o hábito de procrastinar e abraçar o extraordinário que reside em cada um de nós.

“A procrastinação não é falta de vontade; é ausência de ação.”

Gilberto Giba

hericacavalari
hcstudiohair
+55 (67) 99902-4784

Hérica Cavalari

Eu sou Hérica Cavalari, filha de um Deus que me fez ver que sou herdeira, escolhida para vencer e amada.

Sou esposa de um homem que amo, José Marcilio, mãe da Rita Maria e do João Gabriel, que me ensinaram o significado de motivação (motivo para agir). Sou a filha mais velha de um casal que nunca desistiu de mim, Elza e Cicero, e, graças aos seus joelhos dobrados, eu consegui me curar. Tenho duas irmãs, Samara e Luana, que choraram e sorriram comigo todos esses anos, segurando minhas mãos em todos os momentos.

Essas são as minhas riquezas.

Hoje sou empresária e já impactei a vida de milhares de mulheres por meio de mentorias, palestras e ministrações, mas nem sempre foi assim. Precisei vencer dores que pareciam incuráveis. Hoje, falo com experiência de causa que é possível sair do zero e se tornar quem você mais admira.

15 COMO APRENDER A LIDAR COM O FRACASSO E RECOMEÇAR

Por Hérica Cavalari

Minha intenção com esse capítulo é te ajudar a identificar que a força que você precisa está dentro de você, basta ativá-la.

Quero te conduzir a uma mudança de mentalidade que vai trazer refrigério para sua alma.

É possível ser uma pessoa que contagia as demais, e mesmo que este capítulo te encontre em uma fase desafiadora, quero te mostrar que sempre existe uma forma de recomeçar. "Assim como você pensa na sua alma, assim você é" (Provérbios 23:7).

Nada muda aqui fora se primeiro não mudar por dentro, por isso é preciso renovar a mente para viver o novo.

Após vencer meus obstáculos e começar a ajudar outras pessoas a vencer, percebi que, assim como eu vivia, muitas pessoas vivem de acordo com os rótulos que foram colecionando ao longo da vida.

O mundo está repleto de pessoas dizendo que é normal ter problemas, o mundo está sempre apresentando sua crise favorita.

Minha vida tomou outro rumo quando entendi esse versículo:

"E não vos amoldeis ao esquema deste mundo, mas sede transformados pela renovação da vossa mente, para que experimenteis qual seja a boa, agradável e perfeita vontade de Deus." (Romanos 12:2 - A21).

Neste capítulo, você vai aprender a lidar com o fracasso e recomeçar através de uma transformação que vem de dentro para fora.

Meu objetivo é levar até você uma palavra de conforto com exemplos práticos que eu experimentei para sair da depressão, da falência financeira e emocional e de um relacionamento frustrado.

Você está preparada para dar um salto rumo ao seu sucesso?

Eu era só uma menina quando me casei e tive minha primeira filha, aos 18 anos, sem terminar a escola, sem nenhuma formação e sem noção do que iria começar a enfrentar.

Meu primeiro casamento foi contra a vontade dos meus pais, cheio de traições, cenas humilhantes e um ambiente pesado, com muita pressão emocional e brigas, isso porque ambos éramos muito novos, não fazíamos ideia do que era uma família.

Meu segundo filho veio aos 22 anos, em meio a idas e vindas de um casamento conturbado. Quando meu filho tinha só 3 meses, tive o divórcio definitivo.

Agora imagine a cena: uma mulher com 22 anos, sem estudos, divorciada, com dois filhos, a mudança sendo despejada na porta da casa dos pais, sem emprego, sem dinheiro e acreditando que era impossível recomeçar (afinal, eu havia me casado pensando que seria para sempre, não contava com essa parte na minha história). Naturalmente falando, você diria que essa pessoa teria sucesso profissional?

Eu já trabalhei de doméstica, babá, secretária. Após o divórcio, voltei ao mercado de trabalho e comecei ganhando um salário mínimo da época, valor que não dava nem para sustentar a mim e às crianças, se não fosse a ajuda dos meus pais.

Ali eu aprendi a primeira lição: para lidar com o fracasso, é preciso se amar em primeiro lugar, acreditar que existe alguém aí dentro, uma criança que um dia sonhou com um futuro glorioso, e essa criança não vai desistir, a não ser que você desista.

Tive sintomas de depressão, emagreci muito, mas, com a ajuda da minha família, comecei a juntar os caquinhos que haviam sobrado da Hérica.

Alguns anos se passaram e me casei pela segunda vez, tive a festa dos meus sonhos e conheci alguém capaz de me amar como eu era.

Naquela fase, aprendi a segunda lição: nunca permita que alguém limite sua vida, dizendo até onde você pode ir.

Eu ouvia muito as pessoas dizerem que eu não acharia alguém que me quisesse, isso porque eu tinha dois filhos, sem profissão e sem estudo, diziam que ninguém iria "abraçar o abacaxi".

Você não pode impedir que as pessoas lancem sobre sua vida palavras de frustações, assim como não pode impedir que as dificuldades venham, mas você pode escolher como reagir a cada uma delas.

Eu nunca tive coragem de encarar a realidade de tudo que passei, eu me colocava como vítima da situação enquanto me afundava em bebidas e cigarros.

Depois de casados, nos mudamos da cidade, eu, meu marido e filhos e fomos em busca do sonho dele, que era estudar medicina no Paraguai. Lá, comecei a pôr em prática uma nova profissão que havia conhecido: cabeleireira.

Comecei sem dinheiro, lavando o cabelo de pessoas no tanque de casa. Depois, trabalhei em dois salões e, enfim, abri meu próprio negócio, que, em menos de um ano, descobri, com a chegada da pandemia, que já estava falido!

Terceira lição: grande parte do que enfrentamos é fruto de nossas escolhas, muitas vezes por buscarmos fazer as coisas da forma mais fácil ao invés de escolhermos fazer da forma correta.

Um misto de sentimentos tomou conta de mim. Mais uma vez, a dor de se deparar com o fracasso e a ideia de recomeçar pareciam ainda mais desafiadores. Foi então que tive outra crise de depressão e, pela segunda vez, planejava tirar minha própria vida, não queria contar para minha família que mais uma vez eu havia feito errado.

Sabe o que eu aprendi com isso? Que ninguém quer desistir de viver, as pessoas só querem fugir da dor, querem fugir daquilo que está ferindo. Nesse dia, eu fui salva por uma imagem que meu filho de, na época, 10 anos colocou no perfil do WhatsApp. A imagem tinha uma frase que dizia: "Senhor, cuida da minha mãe, porque sem ela eu não sou nada!".

Não estou contando isso para que tenha pena de mim nem para te fazer sofrer, mas para te mostrar que eu sei o que é chegar no fundo do poço, sei como você se sente, se este for seu caso agora.

Nossa mente, uma vez que expande ao crescimento, nunca mais volta ao estado normal, e desse dia em diante eu decidi que nunca mais deixaria os problemas que eu mesma criei me vencerem. Eu decidi que iria focar na solução, e não mais nos problemas, enxerguei que tinha pessoas que me amam e que eu não estava estragando apenas a minha vida, mas sim a vida daqueles que me assistiam e torciam por mim.

A virada

Fomos criados para viver em abundância, e qualquer coisa contrária a isso é uma disfunção.

Gosto do versículo em que Jesus diz: "mas eu vim para que tenham vida, e vida em abundância" (João 10:10).

Jesus disse também: "No mundo tereis aflições, mas tende bom ânimo. Eu venci o mundo" (João 16:33).

Ter bom ânimo diante das aflições não é uma tarefa fácil, mas é possível. Jesus jamais pediria algo impossível!

Tudo depende da forma como olhamos para os problemas, e para isso eu já quero deixar a primeira tarefa para você: assistir ao filme *"Gato de Botas 2: O Último Pedido"*.

Em seguida, responda: Quais fichas caíram ao assistir a esse conteúdo? O que você aprendeu?

Ter bom ânimo diante das aflições diz respeito a como enfrentamos cada situação, fala das decisões corretas, como olhar para o desafio e pensar: Como eu posso resolver esse problema?

Certa vez, li uma frase que dizia: uma afirmação fecha a mente, enquanto uma pergunta abre a mente.

Quando você olha para o seu desafio e começa a dizer que é impossível, que está difícil demais, que não vai dar certo, que tudo de ruim acontece com você, e tantas outras afirmações que usamos lançando sobre nossa vida profecias negativas, você não está nem perto de resolver, mas certamente está aumentando o desafio, porque está focando na negatividade, na dificuldade e colocando o desafio como o centro das atenções. Dessa forma, você está se diminuindo e dando espaço para o problema reinar na sua vida.

"Porque, como imagina em sua alma, assim é." (Provérbios 23:7)

A Física Quântica já constatou que nossos pensamentos podem influenciar quem nos tornamos, portanto, se você pensar que você é uma pessoa feliz ou uma pessoa fracassada, assim você será.

O que você precisa saber é que você cria seus próximos passos através das suas declarações.

Em Gênesis 1:3 Deus mostra que criou o mundo falando: "Então disse Deus: 'Que haja luz!', e a luz começou a existir".

E, no mesmo livro, a história segue dizendo que Deus criou o homem a Sua imagem e semelhança e deu a ele autoridade para governar sobre tudo que há na Terra.

Quero chamar sua atenção para isso, porque foi entender essa verdade e crer nela que me fez sair de um fracasso para uma vida próspera em todos os sentidos, ter um casamento saudável e realizar o sonho de faturar meus primeiros 100 mil reais em um mês (e comecei a declarar isso quando ainda estava falida). Pude oferecer uma vida melhor aos meus filhos e hoje ser uma pessoa que pode ajudar a família e aqueles que me cercam.

Seus olhos e seus ouvidos são portas de entrada para o bem ou para o mal. O que você tem deixado entrar?

Eu quero encorajar você a identificar hoje seu estado atual e o seu estado desejado, para que, dessa forma, você possa sair daqui com seu plano de ação pronto.

Sair do papel de vítima e ser autora da sua história pode até doer no início, mas é a dor que liberta e transforma, melhor do que viver a dor que aprisiona.

Pare por um minuto e escreva:

Quais afirmações negativas você tem falado?

Após escrever todas elas, escreva uma versão positiva para cada uma e repita todos os dias em voz alta, quando acordar.

Exemplo:

Eu não tenho sorte! Troque por: **eu tenho toda sorte do mundo!**

Eu não consigo! Troque por: **eu posso, eu consigo, eu sou forte!**

Você pode pensar: que bobeira, não acredito nisso! O fato de você não acreditar só prejudica a si mesmo!

Assista ao documentário no Youtube: *"O poder da água"*, de Massaru Emoto. Você vai ver o poder das suas declarações.

Perdermos muito tempo apontando culpados por nossa situação, mas, como diz Paulo Vieira: "Cada um tem a vida que merece". Quando ouvi isso pela primeira vez, não concordei, mas depois, analisando como atraí cada problema para minha vida, percebi que tudo aquilo era fruto das minhas escolhas.

A minha instrução para você é: renove sua mente e comece a reprogramar suas crenças.

Se você continuar com os mesmos hábitos que tem agora, vai conseguir resultados melhores?

Para novos resultados é preciso novas atitudes!

Como você deseja estar daqui a um ano? Feche os olhos e se veja em sua melhor versão, invista tempo fazendo isso, sinta a alegria de se ver bem.

Termino este capítulo com uma tarefa especial: todos os dias, ao acordar, leia um capítulo de Provérbios de acordo com a data (dia 15, Provérbios 15). Gere sentimento e medite nele. Em 30 dias, você colherá novos frutos.

"Eu comecei a viver grandes coisas quando descobri o quão grande são os planos de Deus para mim."

Hérica Cavalari

a.belmendes

+55 (85) 99697-6062

a.belmendes.x@gmail.com

Isabel Mendes

Minha juventude, resumida em poucas palavras, poderia ser descrita como uma mistura de desafios, incluindo abuso, rejeição e *bullying*. Sem vitimismo, claro!

Hoje, aos 26 anos, sou uma empreendedora de sucesso no nicho de investimentos. Palestrante e mentora de investimentos e finanças pessoais, gerencio uma equipe e atendo mais de 552 clientes em diversos produtos e mentorias.

Mas, antes de tudo, sou filha, filha de um Deus poderoso que conhece cada um de nós, e é graças a Ele que permaneço de pé. Descobrir minha essência e entender quem eu sou tornou todo o processo mais fácil.

Independentemente do que você enfrentou, honrar e ser grato pela sua história é o ponto de partida para uma revolução e mudança de vida significativa. Convido você a se conectar comigo por meio das minhas redes. Você será muito bem-vindo!

16 PERDOAR E RESSIGNIFICAR SUA HISTÓRIA É O INÍCIO DE UMA GRANDE EVOLUÇÃO!

Por Isabel Mendes

Para falar dos caminhos da mentalidade extraordinária e trazer aprendizado aplicável, citando exemplos, gostaria agora de compartilhar com você a história de Helena, uma jovem cheia de sonhos, que desde a infância se sentia rejeitada, sozinha e sem amor. Ela queria muito ser independente, ter uma vida financeira estável e se sentir importante. Seu desejo era viver de forma tranquila, sem o estresse de trabalhar só para pagar contas ou ter que pedir dinheiro emprestado, algo que acontecia muito na sua família.

Aos 17 anos, Helena precisou morar sozinha, fugindo de uma família disfuncional, seu pai, alcoólatra, costumava chegar em casa bêbado e a insultava, enquanto sua mãe nunca demonstrou amorosidade, nem mesmo para defendê-la dos palavrões de seu pai.

Helena foi criada por seus avós até completar 13 anos. Em sua infância, ela via sua mãe apenas uma vez por ano e, nessas ocasiões, sentia a necessidade de simular doenças para receber algum afeto e atenção. Na escola, Helena era frequentemente alvo de *bullying* devido ao tamanho de suas orelhas, com os colegas proferindo comentários cruéis, sugerindo que ela era "demasiadamente feia para estar viva" e que "não merecia viver".

Com apenas 8 anos, Helena confidenciou à mãe que não desejava mais viver, pois sentia-se rejeitada por todos e desprovida de qualquer apreço. Aos 12 anos, enfrentou uma experiência traumática de abuso pelo motorista do transporte escolar.

Parecia que o destino se voltava contra ela, marcando sua trajetória com adversidades.

Começou a trabalhar aos 15 anos e, aos 17, já morando sozinha, seu salário era de R$ 70 por semana, dinheiro com o qual ela pagava seu aluguel, comprava comida e sobrevivia. Helena morava no subsolo de um prédio, uma espécie de porão. O telhado de amianto, no calor do Nordeste, fazia sua cabeça ferver; as paredes, cheias de mofo e infiltração, irritavam o nariz de qualquer um que entrasse na casa, menos o dela, é como se Deus purificasse o ar especialmente para ela, além disso, havia um esgoto que passava ao lado de sua humilde residência que exalava um cheiro forte, no entanto, apesar de todas essas adversidades, Helena se sentia feliz e realizada por ter um lugar para chamar de lar, onde podia adorar o seu Deus.

Um dos motivos que levaram Helena a sair de casa foi uma expulsão por conta de sua conversão ao Evangelho de Cristo. Sua mãe disse que se ela quisesse servir a esse Deus deveria procurar um lugar para morar, pois na casa dela não era permitido (hoje ela já reconhece que existe uma vida com Cristo e uma vida sem Ele).

No aniversário de 18 anos de Helena, ela estava doente, sem dinheiro e sem absolutamente nada para comer. Na noite anterior, ela foi dormir e falou com Deus: "Senhor, sei que estou aqui por sua vontade, não vou contar a ninguém sobre essa situação, pois não quero envergonhar o Seu nome". Ao fazer essa oração, foi dormir em prantos, mas Deus é fiel e conhece aqueles que nEle confiam, e para que seu nome fosse glorificado, naquela manhã, Helena recebeu uma ligação de um irmão da igreja, falando que enviaria R$ 150 para que ela comprasse uma lembrancinha. Helena, sem se conter, compartilhou com ele sobre sua oração, e ambos se regozijaram na fidelidade do Deus vivo. Helena comprou muitas frutas e alimentos, e esse dinheiro se multiplicou de tal forma que Helena usufruiu dele até a próxima provisão de Deus.

Helena era extremamente tímida, não sabia se comunicar, tinha vergonha de absolutamente tudo, até para entregar currículo em busca de emprego se tremia inteira, gaguejava, a voz não saía, porém ela sabia que, para mudar de vida, precisava agir, então ela se desafiou a fazer o que nunca havia feito antes: seu primeiro emprego CLT foi como recepcionista, onde, ao ser constantemente advertida a falar mais alto, falar melhor e vender os planos da clínica, ali, em meio a tantas críticas, foi onde evoluiu muito. O segundo e último emprego com carteira assinada, foi em uma loja de colchões, onde recebeu o título de melhor vendedora da franquia em três estados: Ceará, Piauí e Maranhão.

A vida dela transformou-se radicalmente ao descobrir o marketing digital e o mundo dos investimentos. Ao iniciar sua jornada com vendas online, ela começou a ganhar muito dinheiro. Contudo, a falta de controle emocional a levou a uma sucessão de eventos desafortunados.

Helena conheceu um jovem por quem se apaixonou. Ele a fez sentir-se amada e valorizada. Contudo, ingenuamente, ela não percebeu que ele estava interessado apenas em sua maneira de trabalhar e no dinheiro que ela ganhava. Depois de alcançar seus objetivos, ele começou a tratá-la com desprezo. Devido a problemas de autoimagem, Helena acreditava que a causa do desdém era sua aparência física, o que a levou a buscar procedimentos estéticos para emagrecer. Infelizmente, no primeiro procedimento, ela sofreu uma queimadura de segundo grau, necessitando de quase três meses para se recuperar. Na mesma semana, a plataforma que utilizava para trabalhar, onde gerenciava mais de três mil vendedores, bloqueou sua conta devido a quase R$ 100 mil em estornos, suspeitando de fraude por parte de algum vendedor.

Em uma única semana, Helena enfrentou uma decepção amorosa, traição, perda financeira, problemas de saúde e a perda de sua empresa e colaboradores. Esse foi um dos piores momentos de sua vida.

Deus, em sua infinita fidelidade, coloca anjos em forma de amigos no caminho de seus filhos. Helena tinha um amigo, Davi, que, com palavras sábias, a encorajou, dizendo: "Observe que você não está mais sozinha. Você perdeu tudo? Então recomece. Lembre-se de que não será a partir do nada, mas sim com base na experiência e no aprendizado adquirido. Você é capaz". A jornada não foi simples, mas Helena persistiu, não cedeu ao desânimo e prosseguiu com sua caminhada. Durante sua trajetória, ela se deparou com diversas pessoas; algumas revelaram-se amáveis, enquanto outras mostraram-se nocivas. Enfrentou relacionamentos destrutivos e chegou a sofrer agressões de um namorado. Contudo, manteve-se resiliente, avançando sempre com a convicção de que Deus reservava um propósito grandioso para sua existência.

Aos 23 anos, ela se deparou com o mundo da inteligência emocional. Realizou treinamentos para a gestão das emoções, estudou empreendedorismo e compreendeu a importância do perdão. Ela ressignificou sua criação e as atitudes de seus pais, passando a ver aqueles que lhe causaram mal com olhos de compreensão, sem julgamentos. Ao entender que cada pessoa só pode oferecer o que tem em si e que é capaz de dar apenas o que recebeu, ela deixou de cobrar dos outros amor, afeto ou responsabilidade sobre si mesma. Compreendeu que o único amor necessário é o amor-próprio e o amor do Criador. Assim, passou a valorizar cada aspecto de sua história e a ser grata por cada acontecimento, pois foram eles que a transformaram em uma mulher forte e destemida.

Abaixo, gostaria de refletir com você sobre como podemos tirar lições dessa história para entender quais são de fato os caminhos da mentalidade extraordinária:

- o primeiro deles é o **perdão**, perdoar, se livrar da dor, da culpa, do ressentimento é o primeiro grande passo para sua grande transformação. Por mais que seja difícil e doloroso, se esforce, pois com certeza você irá colher frutos dessa sua atitude;
- **elimine o vitimismo**. Ele faz você acreditar que é refém do destino, o que não é verdade. Você tem o poder de criar sua própria realidade. Embora não seja possível controlar tudo ao seu redor, é possível mudar a forma como interpreta os fatos. Nada é intrinsecamente bom ou ruim; tudo depende da sua perspectiva;
- **seja grato e pratique a gratidão**. Pode parecer clichê, mas experimente agradecer por tudo, inclusive pelo que ainda não possui, mas deseja alcançar. Agradeça também pelos infortúnios, pois eles trazem aprendizados. Pergunte-se: O que posso aprender com essa situação? Com o tempo, você perceberá o valor desses ensinamentos;
- **ajude os outros**. Se existe um caminho para a abundância, é fazer o bem ao próximo. Quanto mais pessoas você ajuda, mais próspero você se torna. Mesmo que não seja retribuído diretamente, o universo encontrará uma maneira de devolver todo o bem que você faz. Faça-o genuinamente, sem esperar nada em troca, e verá sua vida evoluir;
- **tenha coragem de assumir riscos**, apenas tome o cuidado de não correr riscos desnecessários. Pergunte-se: Qual é o pior cenário possível? Se puder suportá-lo, siga em frente. Se pensa em abrir um negócio, tenha uma reserva de emergência e pese os prós e contras. Opte sempre pela realização de seus sonhos. Muitas vezes, a diferença entre o sucesso e o fracasso é simplesmente a decisão de começar, agir e manter a consistência;

- **tenha uma visão positiva da vida.** Foque no que você tem, em vez do que lhe falta. Faça o melhor que puder até que possa fazer ainda melhor;
- **foque na sua capacidade de ressignificar.** Não importa quão difícil tenha sido sua vida até agora, mesmo que o inimaginável tenha acontecido, você é capaz de mudar. É possível transformar maldições em bênçãos, desde que tenha um desejo ardente de fazer isso acontecer. Ninguém, além de você, tem autoridade sobre sua vida. Tome as rédeas e aja;
- **seja um solucionador de problemas.** Sempre que se deparar com um, pergunte-se: Como posso transformar isso em produtividade ou dinheiro? O que vejo na maioria das pessoas é a desistência diante da primeira adversidade. No entanto, ao persistir, você pode encontrar a chave para a prosperidade e mudança de vida. Às vezes, o diamante está na próxima escavação. Então, persista e seja um revolvedor, não um desistente;
- **cultive a resiliência.** Em sua jornada, lembre-se de que a resiliência é a pedra angular do sucesso duradouro. Não é a ausência de falhas, mas a capacidade de se levantar após cada queda que define o verdadeiro triunfo. Encare cada desafio como uma oportunidade para fortalecer seu espírito e avançar com determinação. Afinal, são as tempestades que ensinam a navegar, e não a calmaria.

“São as tempestades que ensinam a navegar, e não a calmaria.”

Isabel Mendes

jamille.meajuda

+55 (27) 99522-7508

Jamille Soares Santos Rodrigues

jamillemeajuda@gmail.com

Jamille Soares Santos Rodrigues

Me chamo Jamille Soares Santos Rodrigues, resido em São Mateus, no Espírito Santo, minha cidade Natal. Sou brasileira, cristã, casada, empresária e apaixonada pela minha família.

Atuando como consultora administrativa, fundei minha própria empresa no ramo com foco em ajudar empresários e empreendedores a organizar e alavancar seus negócios.

Sempre gostei de ajudar e inovar ao mesmo tempo, e essa criatividade aguçada me impulsionou a criar vários projetos e a alcançar muitas vidas, criando conexões fantásticas e momentos memoráveis. Amo lidar com o ser humano, amo animais, natureza, adoro um desafio e me desafiar também. Minha disputa sempre será comigo mesma. Hoje, sou melhor do que ontem; e, amanhã, serei melhor do que estou sendo hoje.

17 A IMPORTÂNCIA DA CRIATIVIDADE E DA INOVAÇÃO

Por Jamille Soares Santos Rodrigues

Antes de nos aprofundarmos na leitura deste capítulo, gostaria de te fazer um pedido: pare tudo que estiver fazendo neste momento e, enquanto continua lendo, reflita no momento atual da sua vida. Onde você está? Onde mora? Quem são as pessoas com as quais você convive? Como é a sua rotina? Quais são os lugares que você frequenta? Como é o seu estilo de vida? Por que você fez essas escolhas que te trouxe até aqui? Todos os dias temos oportunidades de criar uma vida extraordinária. O que você está fazendo com suas oportunidades? O que fará com as próximas?

Caso não tenha respostas para as últimas perguntas ou elas não são como gostaria que fossem, te convido a entender e comprovar como a criatividade e a inovação podem transformar sua vida em uma história de sucesso. E se você já é satisfeito e realizado com o que viveu até aqui, saiba que pode ir muito além. Preparado?

Para desenvolver uma mentalidade extraordinária com foco na criatividade e inovação, é necessário, a partir do momento que acorda, decretar que aquele dia não será mais um dia na sua vida, e sim o dia da sua vida.

Cada dia é uma oportunidade única. Todos os dias, antes de dormir, mentalize que o relógio será zerado e, quando acordar, começará a contar tudo novamente, do zero. É como se fosse um medidor de performance que indica o quanto você viveu realmente aquele dia. Independentemente do quanto você foi excepcional, quando for dormir, lembre-se de que o relógio será zerado e, no outro dia, você terá que começar tudo novamente, com toda garra, foco, fé, perseverança e certeza de que precisará dar o seu melhor em tudo que se propuser a fazer. Inclusive, em dias mais tranquilos, se o que decidiu fazer for descansar o dia todo, se dedicar à família, ter atividades de lazer, viva inteiramente esses momentos. É assim que se constrói uma mentalidade extraordinária e inovadora, é assim que conseguimos realizar tudo que nos propomos. Com organização, planejamento, estratégias, equilíbrio, dedicação, amor, paz, leveza e muita ação e constância.

Haverá dias que parecerá impossível fazer isso? Com toda certeza, porém, o segredo não está em acreditar que você consegue, mas sim em não deixar de acreditar, ainda que as circunstâncias digam o contrário, ainda que amigos e familiares não acreditem, ainda que tudo indique que é muito difícil, longe e inalcançável. Se você acredita, se seu sonho faz sentido para você, se ele não fará mal a ninguém, muito pelo contrário, irá agregar e somar no mundo, transformar vidas, melhorar a sociedade ou te trazer realização pessoal e profissional, vá em frente com toda força de vontade.

Quando nascemos para conquistar algo e batalhamos muito para isso, com sangue, suor, fé, brilho nos olhos e convicção, sonhos se realizam. Desde pequena possuo uma mentalidade muito acelerada e criativa. À medida que fui crescendo e amadurecendo, fui passando a me cobrar, de forma saudável em me superar a cada dia, e isso foi me ajudando a perceber que eu poderia ir além, bastava ter objetivos claros, estratégias, foco, disciplina e persistência.

Pois bem, já passamos pelo exercício da autorreflexão e da análise geral de como se encontra sua vida, informei também atitudes necessárias para não desanimar ou regredir. Mas, além do que carregamos em nós, existem fatores muito importantes e até mesmo cruciais para nosso desempenho, principalmente relacionados à criatividade e à inovação: ambiência. Você já deve ter ouvido falar a respeito, mas será que está colocando em prática tudo que escuta para fazer sua vida melhorar de verdade? Você deve estar pensando: "Mas, Jamille, não tenho condições, hoje, de me mudar de onde moro nem de sair do meu atual emprego, e sei que eles não são tão favoráveis ao que quero alcançar na vida". Certo! Mas as suas atitudes diárias te levarão a mudar de nível? Você pode escolher nos momentos livres ir a eventos e conhecer novas pessoas, sentar em novas mesas. Ler livros que aumentarão seu conhecimento, ouvir podcasts de pessoas que você admira e estão aonde você quer chegar, assistir a vídeos e aprender algo novo com eles. Para sua vida expandir, o primeiro lugar que precisa expandir é a sua mente. Mude de mentalidade, mude sua oratória, analise as palavras que saem da sua boca e, antes delas saírem, analise os pensamentos que levaram você dizer o que disse. O silêncio é sábio! Fale menos, observe mais. Critique menos, aprenda mais, principalmente com os erros alheios. Pense, mas aja. Não tenha receio de errar, de não estar 100% perfeito. A perfeição não existe, pois estamos sempre em constante evolução, todos os dias da nossa vida. Porque, se não evoluirmos, a gente fica para trás. Sempre costumo dizer aos meus clientes que uma empresa que não está se atualizando, inovando e melhorando, ela não está parada no tempo, ela está regredindo. Assim também é a nossa vida por completo, isso também é o que acontece com a nossa mente. Portanto, é importante buscarmos sempre o novo e criarmos algo novo também. Certamente, várias ideias que você ainda não colocou em prática estão deixando de ajudar e transformar muitas vidas. Já parou para pensar nisso?

Nós, seres humanos, viemos a esta Terra para cumprir propósitos, para deixar nossa marca neste mundo. Nosso nome, nosso legado. Qual legado você quer deixar? Comece hoje a traçar todos os passos que precisa dar para chegar onde almeja. Um passo por vez, um dia após o outro, mas sempre com a sensação de que avançou, mesmo que tenha sido "pouco", lembrando que erros são aprendizados, e aprendizados são avanços. Ou seja, aja, erre, corrija e não cometa o mesmo erro. Não é errado errar, se estiver fazendo algo de forma ética e honesta e se seu objetivo era acertar, errado é continuar persistindo em erros antigos, que você já percebeu que não dão o resultado que espera para o momento, que estão te levando para um caminho que não é o que você quer percorrer nem te levarão aonde quer chegar. Tudo que fizer na vida tem que pensar se é exatamente o que gostaria de estar fazendo e se é algo que vai te levar ao que quer alcançar, se a resposta for não, você está perdendo tempo, queimando cartucho. A partir do momento que percebi isso e o quanto é real e fundamental essa análise constante, minha vida mudou, minhas atitudes, escolhas e mentalidade foram tomando novos rumos. Com isso, passei a ter segurança que estava na direção correta. Ter uma mentalidade extraordinária é ter a certeza de que você não está aqui em vão. É não se importar com o que os outros vão pensar ou falar porque eles estão enxergando somente o agora e quem você é hoje, eles não conseguem ver onde você chegará. É estranho pensar, mas é exatamente o que a grande maioria quer: que você desista, desanime, desacredite. Principalmente em quem você é, no seu potencial e aonde chegará, assim como diz a frase: "As pessoas querem te ver bem, mas nunca melhores do que elas". O que pessoas com esses sentimentos fazem é tentar sabotar seu destino. Portanto, não dê atenção à plateia, foque em quem está com você no palco da vida, no dia a dia, quem te ajuda nos momentos difíceis e quem vibra junto com você nos momentos de felicidade e realizações."Quem estará com você nas trincheiras? E isso importa? Mais do que a própria guerra"(Ernest Hemingway).

Viver é melhor que sonhar! Planejar a vida que deseja viver é maravilhoso e muito importante, mas ser feliz e grato pelo que já tem, começando pela dádiva de estar vivo, já é o motivo principal para contemplar a beleza da vida no momento atual. Sua vida melhora e sua criatividade aumenta quando você começa a se sentir bem com você mesmo e contempla o que tem, na certeza de um amanhã cada vez melhor. Seja a energia que deseja atrair para sua vida, vibre sempre na frequência do bem, da positividade, da fé, do amor e da paz. Fuja da rotina, mude a rotina ou viva sua rotina de formas diferentes, com palavras e atitudes diferentes e melhores.

Seja sempre você, se ame, se cuida, valorize sua essência, suas raízes, sua história, suas lutas e superações. Sorria, viva, chore, mergulhe no seu eu e se rodeie de pessoas e ambientes que te dão a liberdade de você ser quem é e te ajudam a ser cada dia melhor, buscando sempre sua melhor versão. Tenha orgulho da sua trajetória e crie o mundo que quer viver e deixar para suas gerações. O repouso em uma sombra gostosa que seus netos, sobrinhos e/ou gerações futuras desfrutarão pode vir de uma muda que você plantará hoje.

Sorria para a vida e ela vai sorrir para você; caminhe que os caminhos se abrirão. Acredite sempre em um amanhã melhor e que ele tenha a participação das suas mãos, das suas atitudes, da sua mentalidade e da sua criatividade!

Obrigada por ter chegado até aqui, estamos finalizando este capítulo e foi maravilhoso ter a sua companhia em cada frase. Cada palavra foi pensada e digitada com muito amor para te ajudar, independentemente do momento que estiver na vida. Caso precise de ajuda, é só me chamar. O que não vale é desistir ou desanimar de construir uma incrível história enquanto estiver por aqui. Grande abraço, saúde e sucesso!

"Todos os dias temos oportunidades de criar uma vida extraordinária. O que você está fazendo com suas oportunidades? O que fará com as próximas?"

Jamille Soares Santos Rodrigues

psicologajoelmaborges

+55 (71) 98205-5915

psicologajoelmaborges@outlook.com

Joelma Borges

Sou uma filha amada de Deus, apaixonada pelo desenvolvimento humano, casada há 30 anos e mãe de duas filhas.

Atuo como psicóloga, terapeuta de casal e família, mentora de mulheres, palestrante, escritora e treinadora de inteligência emocional com foco em identidade, espiritualidade e propósito . Minha jornada é marcada por superações, conquistas e um profundo compromisso com o bem-estar emocional e alta performance.

18

O PODER DA AUTOCONFIANÇA

Por Joelma Borges

"Me convidaram para palestrar sobre o mercado ideologia de gênero na escola do meu sobrinho", a mulher sentada na poltrona em meu consultório me contou. "Mas não vou conseguir aceitar, está muito em cima!".

Vou chama-lá de Karine, ela me disse isso em nossa segunda sessão, ela ainda não tinha percebido, mas essas historinhas são a forma mais eficaz que nosso cérebro tem para criar medos irreais e boicotar nossos sonhos.

Em nossos próximos encontros, apareceram várias outras desculpinhas. "Não vou poder ministrar a palavra neste culto na igreja porque tenho um compromisso marcado", "Me chamaram para falar na escola do meu sobrinho, mas estou lotada de coisas do trabalho". Quando me procurou, inicialmente, queria tratar a baixa autoestima e a fobia social, até então muito presente em sua vida. Ela buscava uma resposta que aliviasse suas dores, mesmo sem compreender completamente suas origens. De onde veio esse medo de falar em público? E a baixa autoestima, de onde surgiu? Cada indivíduo que busca terapia carrega consigo uma narrativa única, desenhada pelas experiências que moldaram sua jornada até este momento.

Desde pequena, ela se sentia inferiorizada. Sofreu *bullying* na adolescência e cresceu acostumada com humilhação dentro de casa, disfarçada de piadas.

Em todos os nossos momentos juntas, depois de cada justificativa e historinha para fugir dos seus sonhos, ela acrescentava: "Bem que eu queria, mas não vai dar...".

Consigo perceber que aquela mulher, tem dentro de si uma garotinha insegura. "Karine, olhe para mim", peço com amor. "O que você quer, de fato?".

Minha paciente começa a chorar, sentindo os olhos arderem. "Eu queria ser autoconfiante!".

Mas, afinal, o que é autoconfiança?

Em meu papel como psicóloga, terapeuta e mentora, percebo que em um mundo onde cicatrizes emocionais moldam nossos destinos, noto como histórias de rejeição, abandono e negligência durante a infância reverberam na autoconfiança e nos relacionamentos de muitos.

Nesse contexto, autoconfiança é a convicção que se tem em suas habilidades, julgamentos e características. Em outras palavras, o quanto confiamos em nosso taco.

Uma autoconfiança saudável é construída em quem você é, no seu ser. Em Gênesis 1:27, temos a resposta: somos feitos à imagem e semelhança de Deus. Como andam suas crenças? Elas estão alinhadas de maneira correta?

Nossas crenças moldam nossa confiança e futuro!

Crenças são um conjunto de ideias que geram uma convicção, tornando em uma "verdade absoluta". Durante toda a nossa vida, conhecemos pessoas e ouvimos afirmações – sejam elas negativas ou positivas – sobre nosso futuro.

Em minha vida, assim como a minha paciente, nutri crenças a respeito da minha autoimagem e futuro. Desde criança, sempre fui uma garota sonhadora. Minha imaginação fértil me levava a sonhar com um guarda-roupa repleto de roupas e sapatos, uma parede cheia de guloseimas, e, principalmente, um lar feliz e funcional, onde todos se amavam e respeitavam.

Entretanto, a minha realidade, era bem diferente desses sonhos. Nasci e cresci em uma comunidade pobre em Salvador, na Bahia. Meu pai, de origem italiana, abandonou minha mãe quando eu tinha 7 anos, deixando-a para criar sozinha sete filhos, incluindo quatro menores. Eu, como a única filha mulher, via diariamente os desafios que minha mãe enfrentava.

Minha mãe trabalhava o dia todo e, quando retornava à noite, trazia nosso jantar com o pouco que conseguia. Lembro-me de uma visita a casa do meu padrinho. Enquanto eu realizava tarefas domésticas, ele olhou para mim, dizendo: "Laurita, minha comadre! Jó vai ser uma ótima dona de casa e vai se casar com um homem rico!". Em seguida, me entregou um dinheiro para que eu comprasse um guaraná.

Ele não foi o único que inseriu essa crença em minha mente. Meus vizinhos, sempre ao ver aquela garotinha loira, de cabelo liso e sorriso envergonhado, repetiam para mim "Você vai casar com um homem muito rico quando crescer, querida!".

Esses elogios moldaram minhas expectativas e, conforme me tornei adulta, casei-me, de fato, com um homem rico. Eu saí daquele bairro, providenciei uma casa para minha mãe, tive duas filhas lindas e conquistei minha formação em psicologia, pós-graduação e diversos cursos.

Mas, sabe de uma coisa? No fundo, a minha autoconfiança não estava firmada no meu ser. E sim no que eu fazia e tinha! O que é compreensível se pararmos para pensar, já que durante toda a minha vida, eu ouvia que para me tornar alguém notável, eu teria que conquistar e ter.

Uma pessoa com autoconfiança sólida tem, no triângulo de crenças, o ser como a base de sua vida!

O "ser" representa quem você é, e uma autoconfiança inabalável é construída sobre essa base.

A pirâmide de crenças se inverte quando uma pessoa não tem consciência de quem é. Minha vida estava refletindo isso! Cada elogio sobre minha aparência ou ações estava construindo crenças que me distanciavam da minha verdadeira identidade. A busca por validação externa criou uma pessoa insegura que, mesmo aparentemente bem-sucedida, sentia um vazio interior. A partir disso, me desafiei a reconsiderar minhas crenças de valor e a abraçar a verdade de que eu era a imagem e semelhança de Deus.

Compreendi que minha autoconfiança genuína só poderia nascer ao conhecer a verdade sobre quem eu era. Durante três anos, busquei uma cura emocional profunda. Descobri que ser verdadeiramente autoconfiante significava saber que meu valor vinha de Deus e de quem Ele me diz que sou, e não da aprovação dos outros. Eu que precisava me aprovar!

Parte de ter uma autoconfiança verdadeira, é reconhecer suas características positivas e habilidades. É preciso todos os dias relembrar quem você é! Joyce Meyer diz que "A autoconfiança nos permite enfrentar a vida com coragem, franqueza e honestidade. (...) Ela nos permite viver de forma autêntica".

Sendo assim, comece a todos os dias relembrar a sua identidade. Pegue sua caneta e complete o exercício.

Desafie-se: complete com características positivas sobre você os espaços abaixo:

1. Eu sou imagem e semelhança de Deus.
2. Eu sou capaz.
3. Eu posso tudo naquele que me fortalece.
4. Eu sou imparável.
5. Eu sou confiante.
6.
7.
8.
9.
10.
11.
12.
13.
14.
15.

Dicas práticas

Com base em tudo o que aprendemos durante o capítulo, aqui vão três dicas para te ajudar de fato a desenvolver autoconfiança!

1. Todos os dias, lembre-se quem você é! Leia o exercício anterior olhando para si mesma no espelho, com um sorriso no rosto, assim que acordar.
2. Desafie-se sempre que possível. Não deixe de fazer nada por conta do medo ou por se sentir incapaz. Treine, prepare-se e siga em frente.
3. Não tenha medo de se mostrar vulnerável. É exatamente daí que está parte do seu poder! Rodeie-se de um ecossistema positivo e tenha sempre perto de você pessoas que estimulem o seu melhor, acreditando em você. E ainda que você não tenha, seja você sua maior incentivadora. Seja como a Rosa do Deserto, que floresce mesmo em um ambiente árido e seco.

Por fim, encontre plenitude em Deus, onde você é suficiente e equipada para brilhar na Sua graça. Confie em sua identidade, lembrando que cada desafio é superável com a graça dEle. Deixe a confiança nessa verdade iluminar cada passo, vestindo-se com a segurança que só Ele oferece. Você é uma expressão radiante de Sua criação.

Lembre-se que a sua maior confiança está em Deus, e que os que confiam nEle são como os montes de Sião! Dias difíceis vêm, mas eles não se abalarão.

Conclusão

O salão está cheio. O ar-condicionado está no 16º, há pais e filhos sentados no ambiente, esperando a palestrante ser anunciada.

Chego faltando alguns minutos para a palestra começar e me assento em um dos poucos bancos que ainda restavam.

"É com muita alegria que anuncio a palestrante dessa tarde, Karine!".

Karine usa uma saia lápis creme, camisa social e um blazer preto. Ela está sorrindo. Eu quase não a reconheço, com certeza não é a mesma mulher de quando começamos o processo. Ela entra na sala com os ombros erguidos, pegando no microfonc com confiança e autenticidade.

Em nossa última sessão, ela me prometeu que iria aceitar o convite da escola do sobrinho, mesmo que com medo, ela iria desafiar-se.

Minha paciente sorri para o público e se apresenta, em seguida, vejo-a me procurando em meio a plateia.

"Antes de começarmos, gostaria de falar que durante muito tempo rejeitei esse convite. Mas, agora, depois de um longo processo, eu finalmente enfrentei os meus medos e estou aqui para apresentar o conteúdo que sempre aqueceu em meu coração, e eu preciso transmitir isso para o mundo. Agora eu sou uma mulher confiante! Não porque não tenho medo, isso ainda existe", ela mostra as mãos trêmulas. E o público solta uma risada. "Mas porque eu sou vencedora! Sou uma palestrante e não irei desistir dos meus sonhos. Não vou ouvir a voz que me deixa insegura. Vou enfrentar meus medos, porque sou imagem e semelhança daquele que me criou! E aqui estou eu, fazendo a minha palestra", ela diz, sorrindo, por fim. O salão se rompe em palmas, eu levanto para aplaudi-la de pé, porque afinal, ela finalmente se tornou uma mulher autoconfiante.

E você? Quais desafios você precisa aceitar para finalmente se tornar a mulher confiante que você nasceu para ser?

“Acredite em Deus, em si mesma e nos seus sonhos. Chegará o momento em que todos testemunharão sua fé e verdadeira essência.”

Joelma Borges

eusoujosypereira

+55 (11) 93260-8952

https://josypereira.com.br

Josy Pereira

Moro em São Paulo, capital, mas nasci em Nova Soure, na Bahia. Criadora do Método Massagem Detox Corpo & Mente, mãe, massoterapeuta com mais de 45 mil horas de atendimentos, escritora, treinadora comportamental e mentora de massoterapeutas.

Atendo clientes no Brasil e do Mundo, e minhas alunas atuam com seu método em seis países.

Comprometida com a missão de capacitar, inspirar massoterapeutas por meio do toque curativo potencializando a arte da massagem como transformação para o bem-estar integral, estou pautada nos seguintes valores: comprometimento com a excelência; aperfeiçoamento contínuo; respeito à individualidade; integridade e ética; promoção do bem-estar; equilíbrio integral e paixão pelo toque curativo.

Formada em Gestão de Marketing, massoterapia, Coach Integral Sistêmico, *Head Treiner*, aromaterapia, PNL e hipnose.

19 A HABILIDADE PARA O SUCESSO

Por Josy Pereira

Quem nunca se perguntou por que algumas pessoas possuem sucesso e outras não? Tudo é padrão de mentalidade.

Para entender como adquiri esse padrão e aplico diariamente em minha vida, vou te contar de onde vim.

Nasci em Nova Soure, na Bahia, em um sítio dos avós paternos, onde meus pais moravam. Casa simples, sem água encanada, energia elétrica ou banheiro. Uma infância muito humilde, com muita escassez. Aos 7 anos, comecei a trabalhar na roça para ajudar minha família. Lembranças desafiadoras. Pelo meu pai, os filhos só precisavam ir para roça trabalhar, mas minha mãe decidiu que os filhos precisavam estudar e conseguiu que trabalhássemos metade do dia e, depois, íamos à escola.

Sentia angústia, frustração, que faltava dignidade, eu era criança, queria brincar, estudar, e não viver com tanto peso e sofrimento. Aos 13 anos, fui morar na cidade, saí da roça, e trabalhava como empregada doméstica durante o dia por 13 horas e estudava à noite. Eu sabia que não queria mais essa vida, viver naquela cidade pequena, morando de favor na casa das pessoas sem perspectiva de futuro. Meu sonho era morar em Salvador, naquele momento, mas, como não tive apoio, aos 17 anos vim para São Paulo. Morei na casa da minha irmã, trabalhava e estudava.

Dos 17 aos 23 anos, trabalhei em redes de supermercado, pet shop, e sempre estudando, essa era minha prioridade.

Cursei faculdade, e, em 2005, ao concluir meu curso, decidi tentar a vida em Salvador, na Bahia, que era meu sonho.

Fiquei um grande período desempregada, morando de favor. A depressão e a obesidade fizeram parte desse capítulo da minha vida. Nessa fase, cheguei a pesar 123 quilos.

Passei por um relacionamento abusivo, e a baixa autoestima, a depressão, a obesidade e o desemprego consumiam meus dias.

Trocava o dia pela noite, e pensamentos suicidas eram constantes. O desejo de terminar com minha vida era mais real do que sair daquele desespero, pois não via nenhum sentido para os meus dias. Achava que ninguém gostava de mim, que Deus havia se esquecido de mim e me castigava, mas não queria deixar minha mãe triste e não seguia com essa ação.

Nesse momento, Deus colocou um anjo em minha vida, uma senhora muito amorosa, Vovó Zizi, que decidiu me ajudar.

Falava que eu deveria ir à academia, mas eu não tinha força de vontade, a depressão não me fazia sair da cama. Eu era orgulhosa, pois eu morava de favor em sua casa, não achava justo aceitar seu dinheiro para me cuidar, fazer academia.

Consegui um emprego em um escritório a 50 km de distância da minha cidade e decidi seguir o conselho da vovó Zizi e me matriculei na academia.

Conheci uma grande amiga, Lina, que tinha um ótimo desempenho físico com treinos e isso me inspirou. Eu sempre gostei de entender como tudo funcionava, precisava entender qual era o padrão, como ela havia conseguido emagrecer, ter aquele corpo. Já entendia esse conceito, pois todo bom resultado vem de algum padrão estabelecido.

Ela me contou sua história, era gordinha, passou a se alimentar corretamente com "dietas". Além do treino, seu segredo era a "tal da drenagem linfática." Nunca tinha ouvido falar de "drenagem linfática". Contou-me que ia numa clínica, fazia massagem, quando ia treinar, suava muito e isso acelerou muito seu processo de emagrecimento. Naquela noite, fiquei horas no computador lendo a respeito, precisava saber, entender sobre massoterapia e fiquei maravilhada com tudo aquilo. Era mágico, esse tratamento, quantos benefícios, pensei logo: quero isso para minha vida.

E o meu próximo passo foi: Onde encontrar esse curso? E esse foi um dos grandes ensinamentos que aprendi naquele ano.

Decisão seguida de ação. A minha decisão me moveu. Conexões certas em ambientes certos (trabalho, atividade física e amigos). No dia seguinte, minha primeira ação foi: Onde fazer curso de massoterapia? Busquei um curso livre de fim de semana. Liguei e me matriculei. Fiz o curso naquela mesma de semana. Tomada de decisão precisa vir com rapidez e agilidade.

Ao praticar, fazer e receber a massagem, eu tive a certeza de que era isso que eu queria para minha vida.

Depois daquele dia, me inscrevi em uma escola profissionalizante. Após 6 meses de aprendizado e treinamentos, passei a atender.

Ganhei meu primeiro pagamento com essa técnica. Isso foi dia 30 de outubro de 2007.

Fiz uma ação, presenteei com uma sessão de atendimento gratuita, para divulgação, as alunas da academia, começando as vendas dos famosos pacotes de massagem.

Continuava a trabalhar naquele escritório a 50k de distância em horário comercial e todos os dias à noite atendia uma cliente durante a semana.

Aos finais de semana, atendia mais cerca de 5 a 8 clientes. Pasmem, no dia 30 de novembro, 30 dias após meu primeiro atendimento pago, eu já tinha ganhado com massagem R$ 700. Era o dobro do valor que eu recebia mensalmente naquele escritório!

Foi quando tomei outra decisão importante, que me trouxe mais consciência: que empreendendo com massoterapia teria muito mais sucesso e resultado financeiro do que trabalhando com CLT.

Pedi demissão do escritório e, no mês de dezembro, fui empreender com massoterapia. Até o dia 20 de dezembro, em apenas 20 dias, ganhei R$ 1.200.

Vamos fazer contas: Ganhava R$ 350 em 30 dias de trabalho (das 8h às 18h) R$ 11,66 por dia. Passei a ganhar por 20 dias de trabalho com massoterapia R$ 1.200,00, cerca de R$ 60 por dia. Um aumento de 243% sobre meu salário atual e com uma diminuição da carga horária de trabalho e trabalhando 10 dias a menos. Mas preciso contar algo muito importante: eu criei minha estrutura a partir das ferramentas que estavam ao meu alcance. Como assim? Atendia no meu quarto. Eu era minha ferramenta, independentemente da estrutura ou condição.

Faça o melhor que você puder, com as condições atuais que você possuir. O resultado vem da ação, e não da sua estrutura atual.

No terceiro mês que passei a empreender como massoterapeuta (janeiro de 2008), comprei meu primeiro apartamento. Minha renda como massoterapeuta permitiu dar entrada e assumir parcelas.

Se seu sonho é ter sua casa própria, saiba que a minha foi conquistada com a massoterapia.

Retornei a São Paulo em agosto de 2008, e me deparei com uma realidade bem diferente. Para me recolocar no mercado, trabalhei em uma grande rede de estética, ganhando R$ 3 por sessão de massagem, chegando a fazer até 14 sessões de massagens para conseguir manter financeiramente o básico. Como consequência, tive uma tendinite por esforço repetitivo em meu braço, e foi aí que tomei uma grande decisão: me posicionei, decidi não aceitar isso para minha vida. Assumindo-me como a massoterapeuta que sou, busquei meus próprios clientes, e através da minha trajetória, desenvolvi habilidades para o sucesso em minha profissão. Compartilho com você passos para desenvolver sua habilidade para sucesso:

1. Poder do autoconhecimento

Autoconhecimento é a habilidade de conhecer o nosso mundo interno, pensamentos, emoções, desejos, medos, crenças e frustrações, permitindo descobrir nossas qualidades, capacidades, pontos fortes e pontos a melhorar, acessando nossa verdadeira essência.

Desenvolver o autoconhecimento è ter muito mais poder na vida e proporciona desenvolvimento de inteligência emocional; resiliência; definição de metas e objetivos claros; clareza sobre a missão e propósito de vida; potencialização da sua coragem; fortalecimento de suas qualidades; reconhecer e aceitar emoções negativas e desafiadoras, trabalhando para que elas sejam modificadas; desenvolvimento do poder da comunicação; desenvolvimento do amor-próprio; fortalecimento da autoestima; desenvolvimento da autoconsciência e autorresponsabilidade.

2. Autocuidado

Ame-se. Quando você se ama, as pessoas te veem e te valorizam como você se enxerga.

- **Boa alimentação:** precisamos selecionar o que ingerimos, pois isso irá nutrir nosso corpo. O que você tem ingerido? Nutrição ou suas emoções?
- **Beba água:** a hidratação é fundamental em nossa vida, e precisamos fazer uma conta básica: 0,35 ml por peso corporal (exemplo: 0,35 x 70kg = 2440 ml de água a ser consumida por dia).
- **Óleos essenciais:** a Farmácia Natural do Divino. Deus é perfeito, ele nos deixou as propriedades únicas e os benéficos na natureza contidas nas plantas, nos óleos essenciais. Agem no sistema nervoso e no cérebro de maneira profunda e duradoura, melhorando as raízes de problemas físicos e emocionais. É o auxílio natural e mais poderoso para a cura que cada um precisa. Usado a mais de 4 mil anos e a cada dia a ciência comprova sua eficácia.

- **Pratique atividade física:** seu corpo é sua casa, viva bem e com saúde.

Geramos os neurotransmissores necessários para nosso bem-estar através da atividade física. O corpo naturalmente produz mais serotonina e endorfina, os neurotransmissores relacionados à sensação de bem-estar e que ajudam a reduzir o estresse e a ansiedade com a prática.

3. Mentalidade: O poder está em você

Autoresponsabilidade: quando praticamos, adquirimos consciência de que temos a vida que merecemos e somos os únicos responsáveis por mudar a nossa vida. Tudo pode mudar, com a mudança de mentalidade e do nosso padrão de crenças. Tudo muda a partir de uma decisão seguida de ação.

O poder da conexão está em você, seja intencional e, aonde estiver, conecte-se com pessoas. Quando passar por desafios, faça perguntas:

Qual o aprendizado desta situação?

Como seria minha vida se eu substituísse as desculpas por ações?

Agora que você conhece os 3 passos, vamos ao processo de criação (criar + ação): crie uma meta clara e objetiva. Pensamentos geram sentimentos, sentimentos geram ações e ações determinarão seus resultados.

A mentalidade é o segredo do sucesso. Desenvolva a habilidade que você precisa, isso depende apenas de você. Seu cérebro possui essa capacidade! Conhecimento é ter muito mais poder na vida, o segredo da sua evolução está em sua mentalidade.

Agora é com você: crie seu padrão de sucesso.

Este é o meu:

✓ acordar cedo;

✓ meditar/orar;

✓ curtir minha família/momentos com minha filha;

✓ fazer o que amo e trabalhar com alegria;

✓ praticar atividade física;

✓ mudar padrões;

✓ praticar o desenvolvimento humano constante;

✓ não negociar meus valores e resultados.

"Habilidade de sucesso
é dar passos na direção
correta, com a constância
necessária para o objetivo
estabelecido, se divertindo
na jornada."

Josy Pereira

psicanalistajosyanagomes

+351 91403-7935

ReprogrAme-se

josianaterapeuta79@hotmail.com

Josyana Gomes

Sou Josyana Gomes, especialista em transformar relacionamentos e promover o bem-estar emocional. Com formação em psicanálise e sexologia e sendo analista comportamental, ajudo mulheres a se posicionarem e a serem vistas e admiradas por si e pela pessoa amada.

Com 19 anos de casamento e uma paixão pela vida, tenho uma visão única sobre os desafios e as oportunidades dos relacionamentos. Moro em Portugal, onde aproveito a riqueza cultural para aprimorar minhas habilidades. Acredito no poder da conexão emocional e da intimidade para fortalecer os laços entre casais.

Se você busca orientação para melhorar seu relacionamento, encontrar sua voz e ser verdadeiramente admirada por quem ama, estou aqui para te ajudar. Vamos começar essa jornada de transformação juntos!

20 CULTIVANDO RELACIONAMENTOS SAUDÁVEIS E SIGNIFICATIVOS

Por Josyana Gomes

Em 2005, aos 25 anos, na cidade de Vitória, no Espírito Santo, Brasil, eu já era uma esteticista renomada, tinha casa própria e uma vida de balada bem agitada, tudo tranquilo até eu ir ao banco fazer um depósito. Na fila imensa após o horário de expediente, conheci um moço, bem apessoado, de fala bonita, e começamos conversar, o papo se estendeu após a conclusão dos nossos afazeres. Mal sabia o problema no qual eu estava entrando.

Um moço no auge dos seus 39 anos, três filhos, três ex-esposas e uma quantidade de amigas de perder as contas. Ele era fotógrafo e por isso se autoapelidava de Jorge Tadeu (um personagem da novela "Tieta", que era conhecido pela quantidade de mulheres que tinha). Enfim, eu não sabia o que esperar daquele relacionamento, mas eu sabia o que eu não queria.

Eu não queria ser boazinha como a minha mãe, que encontrava justificativa para ser maltratada e humilhada pelo meu pai, nem ser guerreira como minha tia, que fazia tudo sozinha e dizia que não precisava do meu tio para nada, mas eu também não queria ser vítima como a coordenadora da minha escola, que era mulher do cliente do bar do meu pai, que estava sempre pronta para contar sua história triste para quem quisesse ouvir.

Mas o que fazer então se aos 25 anos eu não tinha nenhuma referência de um bom relacionamento para me basear, apenas relacionamentos tóxicos que os homens e mulheres da minha família tinham?

O que fazer com aquele marido nada fiel se eu não sabia nem lidar com um relacionamento normal?

Hoje, formada em psicanálise e espiritualidade, conheci sobre vários autores como Freud, Lacan, Jung e Reich. Por meio de um exercício criado por mim com base na psicanálise, eu matei pai e mãe, matei tio e tia e pude ver o homem e a mulher por trás de um relacionamento conturbado.

Afinal, em uma briga de casal, não há vencedores ou perdedores, apenas duas almas apaixonadas que buscam compreensão mútua.

Homens e mulheres têm medos, inseguranças, neuras, enfim, todos somos responsáveis pelo relacionamento, não somos vítimas ou culpados, cada um precisa assumir seus 50% de responsabilidade no relacionamento, se você está entregando mais ou menos, está errado, pois, para cultivar um relacionamento saudável e significativo, é necessário ter equilíbrio, e vou te contar como.

Ao fazer um exercício de regressão, lembrei de uma história que minha mãe contava, ela sofreu muito com sua madrasta e jurou que nunca ela iria permitir que um filho seu morasse com uma madrasta. Esse pacto fez com que ela entrasse na persona de mãe e se esquecesse de ser mulher, ela virou um ser sem dignidade, que era humilhada pelas amantes do meu pai e, quando eu pedia que ela revidasse, ela dizia: Imagina se eu fizer algo? Poderia ir presa e vocês iriam morar com uma madrasta.

Minha tia trabalhava muito. Talvez por ter lutado tantas guerras por ser filha adotiva, ela se esqueceu de tirar as couraças, como diz Reich, que a impediam de ser cuidada e amada, estava sempre querendo mostrar que era útil, porém essa forma bruta masculinizada tirou o lugar de protetor e cuidador do meu tio, e eles acabaram se separando.

Uma cliente vitimista me fez lembrar da coordenadora da minha escola. Ela também teve seu filho doente (mas já estava curado há dez anos), porém dizia tinha que cuidar do pai, que tinha uma saúde de ferro, mas que gostava que ela fizesse suas coisas, e não a cuidadora. Ela também não exerceu a profissão na qual ela se formou, e isso também era por culpa da doença do filho, as amigas se afastaram pela doença do filho, e assim vai, e ela sempre repetia porque isso comigo, se questionando do porquê Deus a castigara assim.

Elas tinham tudo para sorrir, uma vida muito confortável, um filho transplantado e sadio, um marido bom, mas elas queriam contar as histórias tristes, mal chegavam nos lugares, já vinham com a mesma conversa sobre remédios e doenças. Meia hora era tempo suficiente para a coordenadora da minha escola ficar com o marido no bar do meu pai. Ele – o marido – não aguentava as reclamações dela. Ia embora e voltava com sua amante, uma senhora que parecia não ter poder aquisitivo igual ao da esposa, já que nem estava bem-vestida nem com as unhas feitas, muito menos com o cabelo escovado, na verdade, parecia que ela tinha terminado uma faxina pesada, mas ali estava o sorriso em pessoa. Eu olhava com aquele olhar julgador que possivelmente você esteja fazendo agora, pensando: "ela não deve ter problemas, pois é tão risonha", até que ela foi ao banheiro e, ao voltar, me pediu um copo d'água e disse: "hoje o dia foi tão difícil e corrido que eu me esqueci de beber água". Ela viu que eu prestava atenção na fala dela, então continuou: "eu tenho um filho com paralisia há 15 anos, sou viúva e moro no final da escadaria do morro. Meu filho precisa ficar com oxigênio 24 horas, e hoje ele teve uma complicação e tivemos que descer com ele, a botija de gás, a maca, e as escadas não facilitam nesse processo. Ainda bem que meu filho mora comigo, ele, a esposa e meu neto. Meu filho está desempregado há dois meses e, com o pouco que ganho, arco com tudo, mas a vida é assim, né, menina, você é muito novinha para saber disso, mas tenho certeza de que sua vida vai ser melhor que a minha, e não ligue para o meu desabafo, a vida é boa!", e deu uma gostosa risada, completando: "deixa eu 'tomar uma' para aliviar o cansaço".

Como terapeuta de casais e sexóloga, eu não tomo partido, tento entender e orientar o que essas duas almas podem fazer para reconstruir o relacionamento, qual o pilar da relação que está estremecido.

Meu pai era e é um homem apaixonado por minha mãe, aquela mulher com quem ele se casou. Ao ser rejeitado por ela, ele tentou chamar sua atenção de todas as formas possíveis, mas ela não viu, pois o seu propósito de ser mãe era maior.

Meu tio queria assumir o papel de cuidador do homem da casa, mas minha tia disputava esse espaço com ele, e por isso ele procurou quem ele pudesse cuidar, bem como amar e ser amado.

O cliente do meu pai queria sorrir com sua esposa, mas ela estava afundada na história triste que ela contava para si mesma e para quem chegasse perto. Depois que eu orientei minha cliente de que se ela parasse de se lamentar e criasse motivos para sorrir, o marido iria querer voltar para casa e teria motivos para participar do jantar, e que se ela tinha as colaboradoras, ela não precisava executar as tarefas, uma vez que o papel dela era direcionar os funcionários da casa, adivinha qual foi o resultado: sobrou tempo para o casal.

Enfim, eu aprendi "na marra", como se diz por aí. Tenho várias formações, mas nada se compara à minha vivência dentro da estética e dentro do bar. Costumo dizer que "eu fui treinada a vida inteira para ser terapeuta de casal" e que consigo fazer terapia de casal até mesmo quando só um está disposto a salvar e reestruturar o relacionamento.

Você quer uma prova de que eu sou boa nisso? Sou casada há 19 anos, vivemos uma relação na qual somos amigos, parceiros e companheiros. Moramos e trabalhamos juntos, e, quando saímos, vamos sozinhos: vai que alguém atrapalha a nossa conversa, que dura horas, no café da manhã, almoço ou jantar.

Ele diz para todo mundo que é um homem eternamente apaixonado por sua linda mulher. Veja: é o mesmo homem, porém seu discurso mudou, e ele diz: "Amor, o que eu acho mais incrível é que você nunca quis que eu fosse diferente, nunca tentou me mudar, mas eu quis mudar para permanecer ao seu lado". Eu não precisei mudar meu corpo e ter um corpo exuberante para que ele se sentisse feliz ao meu lado. Já cheguei a pesar 118 quilos e lá estava ele, firme e forte, junto comigo. Certa vez, a ex do meu marido se arrumou toda para ir a uma reunião na minha casa sobre os filhos e disse: "Parece que você não se sente ameaçada de perder o marido, já que está gorda e mal-arrumada".

A minha resposta foi: "Eu não precisei ser mãe para prender marido nem sofrer dizendo que sou uma 'mulher seca' por não ter tido filhos aos 44 anos".

Eu não precisei ser guerreira, pois mostrei para meu marido a força que ele tem. Ele cuida de mim, trabalhamos juntos na nossa empresa. Ele é o comercial, e eu, o administrativo, além de cuidar do meu consultório, da minha loja de produtos íntimos e da clínica de estética. Quando chego tarde em casa, ele já preparou o jantar, e se um faz a comida, o outro lava a louça. O serviço é da casa, então todos que moram nela participam das atividades. Na nossa relação, um cuida do outro.

Eu não fui vítima da minha história, pois eu criei a narrativa que fazia sentido para mim, e hoje somos fãs um do outro, e como ele mesmo diz, juntos somos mais fortes, e você, qual história está contado para si mesma?

Você é boazinha?

Você é guerreira?

Você é vítima?

Você é autora ou espectadora da sua vida?

Você é a heroína da sua história?

Se essas perguntas tiveram respostas negativas, está na hora de virar o jogo, e a primeira coisa a se fazer é assumir a sua culpa. Se o seu relacionamento vai bem, é culpa sua; se vai mal, também é culpa sua, tenha clareza do que você quer, use seus instintos para conduzir da melhor forma, tenha um lar para aqueles que você ama desejem voltar, sua casa pode ser bem arrumada, mas não pode se tornar um centro cirúrgico, como diz o poeta Carlos Drummond de Andrade:

"Arrume a sua casa todos os dias, mas arrume de um jeito que lhe sobre tempo para viver nela e reconhecer nela o seu lugar."

Espero que, com este breve capítulo, você tenha percebido algumas coisas que precisam ser melhoradas dentro do seu relacionamento. No meu canal do YouTube, ensino várias técnicas e, no meu Instagram, consigo tirar dúvidas.

Porém, se você não dá certo com ninguém e acha que tem o "dedo podre" para relacionamento, recomento que você faça a Reprogramação Livre para Amar, já à venda na Hotmart. Este programa contempla imaginação ativa, cura ancestral, crenças e traumas trazidos pelo primeiro homem da sua vida, o seu pai, divórcio energético, Constelação Familiar e muito mais, para te livrar das amarras que te impedem de viver um grande amor.

“Em uma briga de casal, não há vencedores ou perdedores, apenas duas almas apaixonadas que buscam compreensão mútua.”

Josyana Gomes

jufranconere

jufranconere

+55 (11) 91326-1774

Juliana Franconere

juliana@mentaliza.com.br

Juliana Franconere

Meu nome é Juliana Franconere, nascida em São Paulo e moro no Grande ABC com minha família, David Oliveira, com quem estou há 20 anos dividindo a vida, e minhas meninas, Lorena e Cecília.

Sou mentora, escritora, hipnoterapeuta e possuo mais de 20 anos de experiência na área de vendas. Faço aulas de canto para melhorar minha postura de palco e minha respiração e cuidar da minha voz. Sou formada em comércio exterior e possuo várias formações em liderança, personalidade e desenvolvimento de pessoas.

Nem sempre tive uma história de sucesso, já tive altos e baixos, e, a partir do momento que passei pelo processo de autoconhecimento e entendimento da mente, minha vida se transformou.

Hoje, meu grande objetivo é ajudar você a alavancar sua autoestima e autoconfiança para que consiga alcançar seus sonhos e ser feliz.

21 A ARTE DA NEGOCIAÇÃO E A INFLUÊNCIA PERSUASIVA

Por Juliana Franconere

Era agosto de 2016, estava me organizando para começar a trabalhar no planejamento estratégico. Como gestora de estratégia regional, comecei a direcionar minhas tarefas cotidianas à equipe e separei grandes espaços em minha agenda para traçar os próximos passos. Em uma das primeiras reuniões que fiz com o time global para quem eu me reportava à época, nos avisaram que deveríamos estar alinhados na estratégia. Tudo o que fizessem para os países da América do Norte e Europa iríamos fazer para o Brasil, incluindo um crescimento de 70% da receita. Recebi como uma porrada aquilo, fiquei paralisada, pensando em como crescer aquele montante em um ano. E agora? Naquela primeira reunião, resolvi me calar e absorver a mensagem, afinal, meu cérebro literalmente bugou! Foi a primeira vez que a insegurança bateu forte. Não tinha nem mesmo como argumentar naquele momento, então achei mais prudente me preparar para falar com eles com calma e baseada em dados, aliás, foi a única coisa que meu cérebro pensou naquela hora, a síndrome do impostor havia me abraçado completamente.

Para que os pedidos se realizassem, seria necessário realizar transformações consideráveis no time em curtíssimo tempo, para que todos estivessem alinhados com a estratégia da empresa: mudar as pessoas, revisitar os papéis e as responsabilidades do time, rever o processo que utilizávamos em nosso CRM, entender o processo de vendas para aquele negócio e suas métricas, realizar uma análise profunda do mercado, analisar a concorrência e a precificação aplicada e revisar o modelo de comissionamento, mas nada me fazia engolir aquele crescimento. Eles já possuíam processos que funcionavam muito bem em outras regiões do mundo e queriam que o processo fosse exatamente o mesmo no Brasil. Como meu gestor ficava sediado nos Estados Unidos, foi um trabalho de muitos meses de persuasão. Fiquei pensativa por dias. Como convenceria aquelas pessoas de que aquele crescimento era absurdo, principalmente para um negócio que estava crescendo 15% YOY (*Year Over Year*, em português: Ano Sobre Ano)? Como explicar as diferenças e fazer com que eles me dessem ouvido?

Mas porque tanto drama, mulher? Simples: o que eles resolvessem implicaria mudanças radicais, revisões de salário, demissão em massa, trabalhar sob pressão todos os dias e sermos a região com menor crescimento e correr risco sério de perder investimentos importantes.

Depois do susto, resolvi me isolar para conseguir focar. Focar era difícil, então resolvi meditar uns 15 minutos antes de colocar total atenção àquilo. Acho que foi a primeira vez que entendi a real importância da meditação em minha vida e o poder que a mente tem sobre nós.

Respirei fundo, olhei para o notebook e avisei à minha mente que criaria um planejamento tão bom que todos adorarariam minha ideia.

Comecei a anotar qual seria minha estratégia e o que teria nela:

- realizar o levantamento histórico de crescimento de receita do Brasil;
- pesquisar o crescimento dos concorrentes;
- fazer um estudo sobre o mercado americano x brasileiro;
- conferir a estrutura atual do time comercial e traçar um modelo ideal;
- levar uma sugestão de crescimento de receita;
- apresentar tudo isso pessoalmente, pois o impacto seria muito maior.

Foram dois meses para eu conseguir levantar todas as informações necessárias para fazer a apresentação ao *board*.

Sabia, naquele momento, que a realidade brasileira não era igual à americana, aliás, são realidades completamente diferentes, a começar pela moeda, USD x Real. Um mercado mais maduro, com aproximadamente 145 milhões de investidores *versus* 17,6 milhões que existem no Brasil, educação e qualificação profissional, burocracia e regulamentações, isso sem contar a solidez e a segurança no mercado americano em comparação ao nosso, cheio de inseguranças políticas, monetárias, e por aí vai.

Aprendi cada vez mais conforme estudava o mercado, entendi que não era só sobre dados, mas sim como as pessoas assimilariam aquelas informações, e sem a empatia deles, nada sairia.

Persuasão? Negociação? Como garantir o sucesso? Um time de mais de 100 pessoas dependia de mim.

Mergulhei no estudo da persuasão e na arte de vendas para que eu atingisse meu objetivo: sugerir um crescimento realista e que a maioria concordasse.

Nunca foi tão abordada a importância do autoconhecimento para que possamos criar uma autoestima e autoconfiança enorme que possa impactar as pessoas.

A mente tem um papel fundamental em nossas vidas, não só pensando, mas como usá-la a nosso favor.

Desde o começo da nossa civilização, há, aproximadamente, 5,5 milhões de anos, com o surgimento dos primeiros hominídeos (ancestrais do homem), a nossa forma de sobrevivência aconteceu, pois andavam em bando e havia grande colaboração social entre eles. A capacidade de persuadir e influenciar outros membros do grupo permitiu a divisão de tarefas, o compartilhamento de recursos e a proteção coletiva contra grandes ameaças, lembrando que somos extremamente frágeis perante a natureza e o que nos diferencia dos outros animais é a mente consciente.

Através da persuasão o homem pôde aprender a resolver conflitos, manter tradições e culturas e unir comunidades humanas ao longo do tempo. Mas, claro, nem sempre isso deu certo, temos até hoje ruídos de comunicação que fazem com que as pessoas compreendam mal a mensagem e façam exatamente o oposto do solicitado, gerando grandes problemas.

O processo de persuasão também passa pela mente, pois é o local onde as crenças, atitudes, percepções e tomadas de decisão são formadas. Entender como a mente funciona e como as pessoas processam informações é essencial para se tornar um comunicador persuasivo.

Pessoas persuasivas têm uma abordagem simples de compreensão que impregna na cabeça de quem terá mais sucesso que outras pessoas.

Utilizei oito técnicas conhecidas dentro da persuasão e fui aplicando-as no meu discurso.

1. Reciprocidade: essa técnica se baseia na ideia de que as pessoas tendem a retribuir favores. Ao oferecer algo de valor ou realizar uma ação positiva, cria-se um senso de obrigação, aumentando a probabilidade de a outra pessoa concordar com um pedido ou proposta. Usei meu relacionamento com o time e mostrei que havia pontos que fariam sentido continuarem sendo aplicados ao Brasil e que faria total sentido mantê-los.

2. Comprometimento e coerência: consiste em obter o comprometimento inicial da pessoa em algo pequeno e, em seguida, ampliar gradualmente as demandas. Uma vez que alguém concorda com um pedido menor, este fica mais propenso a aceitar pedidos maiores para manter a coerência com suas escolhas anteriores. Assim, me comprometi em realizar mudanças de estrutura seguindo modelos globais, e não simplesmente dizendo que não faria nada.

3. Prova social: as pessoas têm a tendência de imitar o comportamento dos outros, especialmente em situações de incerteza. Mostrar evidências de que muitas pessoas estão fazendo algo ou concordando com uma ideia pode aumentar a persuasão. Pensei quais itens eu poderia imitar, como, por exemplo, postura, modo de falar e me apresentar para que me parecesse com eles e ficasse mais fácil compreender minhas informações.

4. Autoridade: a persuasão pode ser fortalecida quando a fonte da mensagem é percebida como uma figura de autoridade ou especialista no assunto. Credenciais, títulos e conhecimentos específicos podem aumentar a influência. Eu já tinha o título de diretora, já havia provado meu trabalho outras vezes e construído minha autoridade com o time.

5. Afeição e simpatia: estabelecer uma conexão emocional e criar simpatia pode tornar a persuasão mais eficaz. Pessoas tendem a ser mais receptivas a mensagens de indivíduos das quais gostam e com quem se identificam. Como sempre fui muito expansiva, me relacionava muito bem com o time, sempre nos encontrávamos, e isso nos fez estreitar a relação e criarmos laços de simpatia. Já havia ido até a um karaokê com o time nos EUA, e como conhecia muitas músicas, eles geralmente queriam fazer dupla comigo. Se os karaokês de São Francisco, na Califórnia, pudessem contar...

6. Escassez: a percepção de que algo é escasso ou limitado pode aumentar seu valor percebido. Criar um senso de urgência ou destacar a exclusividade de uma oferta pode motivar a ação. Usei esse item para explicar justamente as diferenças entre os países e a escassez de recursos que ainda tínhamos na época, o que nos impediria de crescer os 70% esperados.

7. Histórias e narrativas: contar histórias envolventes pode ser uma maneira poderosa de persuadir, pois elas geram empatia, criam conexões emocionais e facilitam a compreensão e a aceitação de ideias. O item mais importante, a meu ver, é o *storytelling*. Se você cria uma história com começo, meio e fim, trazendo um problema e, depois, as soluções de forma simples e que as pessoas se identifiquem, não tem como não conseguir convencê-las a realizar algo.

8. Desafio: propor desafios ou oportunidades que estimulem o senso de competição ou a busca por realizações pessoais pode ser uma técnica eficaz, especialmente em contextos que envolvem metas individuais. Para minha apresentação, consegui fazer com que entendessem que aceitaríamos, sim, o desafio, mas que teria que ser um desafio plausível, que fizesse sentido e fosse possível de ser alcançado.

Cheguei à reunião depois de viajar mais de 15 horas entre conexões até chegar em São Francisco.

Estava segura, pois havia meditado antes de ir ao escritório e mentalizei o sucesso da reunião. Abri um enorme sorriso e cumprimentei a todos. Falamos sobre suas famílias e os planos para o Natal.

Meu gestor fez uma breve introdução e eu coloquei minha apresentação na tela. Um *storytelling* completo somado à sugestão de um aumento de receita de 30% para 2017. Após muitas discussões e aprendizados, questionamentos e cálculos, o resultado saiu: um crescimento previsto de 30% para 2017 no Brasil. Superamos a marca e realizamos, naquele ano, um crescimento de 32%.

Não há nada que seja impossível de se realizar, desde que corpo e alma estejam alinhados para o mesmo objetivo. Usando disciplina, planejamento, organização, muito estudo e ação, o sucesso é garantido.

“Não há nada impossível de ser realizado, desde que corpo e alma estejam alinhados para o mesmo objetivo.”

Juliana Franconere

kellymarquescoach

+55 (24) 98809-1267

kellycristinamarques

kellymarquestr@gmail.com

Kelly Marques

Sou Kelly Marques, resido em Três Rios, no Rio de Janeiro, onde construí minha vida com meu esposo, Carlos Alberto Namorato Filho, e meu filho, Caio Marques Namorato. Minha trajetória me transformou em ser uma mentora de carreira, palestrante e analista comportamental, tendo a oportunidade de tocar e transformar vidas por todo o Brasil.

Iniciei minha carreira CLT há mais de 27 anos. Contudo, percebi que não era minha verdadeira vocação. Com coragem, busquei o conhecimento necessário para moldar minha vida e investi em especializações, preparando-me para a jornada que se iniciava.

Ao longo dessa trajetória, superei desafios, mostrei que é possível fazer uma transição de carreira com sucesso. Hoje, desfruto de uma vida com mais liberdade de tempo, vivendo plenamente meu propósito e fazendo o que realmente amo.

22 DOMINE HABILIDADES: CRESÇA NA CARREIRA

Por Kelly Marques

Nossa carreira é uma jornada repleta de desafios e oportunidades. As trajetórias profissionais, muitas vezes, se assemelham a aventuras emocionantes, onde enfrentamos obstáculos, celebramos triunfos e buscamos o crescimento constante. Neste capítulo, quero te levar a uma busca pela aquisição e domínio de novas habilidades, uma jornada que enriquecerá sua carreira e sua vida. Prepare-se para abraçar o desafio e transformá-lo em oportunidade, como um herói de sua própria história.

Muitos de nós, no entanto, resistem à mudança e temem o desconhecido. O medo, a incerteza e a falta de orientação nos impedem de adquirir novas habilidades e explorar novos horizontes. O problema é evidente: Como superar barreiras e abraçar uma jornada de aprendizado? A verdade é que evitar essa jornada nos mantêm presos em nossas zonas de conforto, resultando em uma carreira estagnada. Isso não é apenas uma perda de oportunidades de crescimento, mas também leva à diminuição de nossa relevância em um mercado de trabalho em constante evolução.

As consequências da estagnação são significativas e impactam todos os aspectos de nossa carreira. À medida que o mundo profissional evolui – a um ritmo acelerado –, a permanência estagnada é uma receita para o declínio. Você pode perder oportunidades de carreira, ficar para trás em relação às últimas tendências e se sentir cada vez mais insatisfeito com sua trajetória profissional.

A evolução e a adaptação são cruciais para se destacar em um mercado de trabalho altamente competitivo. Negligenciar essa necessidade pode resultar em uma carreira que não atende às suas expectativas e aspirações.

Se você deseja crescer e prosperar, precisa se comprometer com a aprendizagem contínua e o aprimoramento constante.

A tecnologia avança rapidamente, os requisitos do empregador mudam e as demandas do mercado evoluem constantemente. Permanecer relevante e progredir na carreira requer um compromisso contínuo com o aprendizado. A aquisição de novas habilidades é a chave para se manter à frente da curva e progredir em sua jornada profissional.

Vale ressaltar que a busca por aprendizado constante não se limita a profissionais iniciantes. Mesmo aqueles com vasta experiência e habilidades consolidadas deve estar interessados em abraçar a mudança e buscar novas competências. Aqueles que se acomodam em suas habilidades existentes podem encontrar rapidamente ultrapassados por colegas que desejam abraçar a evolução.

A aprendizagem contínua não é apenas sobre se manter atualizado com as últimas tendências tecnológicas, mas também sobre prosperar em um ambiente de constante evolução. As habilidades que você adquire não são apenas ferramentas para cumprir tarefas; elas são o combustível que impulsiona sua carreira para novas alturas. Eles o capacitam a abordar desafios de maneira mais eficaz, a resolver problemas de forma inovadora e a contribuir de maneira significativa para sua organização.

Estratégias para adquirir novas habilidades

A grande pergunta que frequentemente nos desafia é: Por onde começar? Felizmente, há inúmeras estratégias práticas para adquirir novas habilidades. Aqui, apresento algumas delas para ajudá-lo a iniciar o processo de aprendizagem e aquisição de competências.

1. **Mentoria:** buscar orientação de profissionais experientes é uma das maneiras mais eficazes de adquirir conhecimento. Mentores podem oferecer *insights* valiosos, compartilhar suas experiências e fornecer orientação personalizada.

2. **Cursos e *workshops*:** a inscrição em cursos e *workshops* relevantes é uma maneira estruturada de adquirir novas habilidades. Eles proporcionam acesso a conteúdo atualizado e oportunidades de interação com instrutores e colegas.

3. **Redes de contato e grupos de *networking*:** participar de grupos de *networking* e associações profissionais expõe você a uma rede de

contatos valiosa. Você pode aprender com outros profissionais, trocar informações e obter orientação.

4. **Recursos online:** com a proliferação de recursos online, como cursos, tutoriais e *webinars*, a aprendizagem nunca foi tão acessível. Plataformas como Coursera, Udemy e Linkedin Learning oferecem uma ampla gama de cursos.

5. **Leitura:** os livros continuam sendo uma fonte inestimável de conhecimento. Eles podem fornecer *insights* aprofundados sobre tópicos específicos e teoria que complemente a prática.

O processo de aperfeiçoamento

A aquisição de novas habilidades é apenas o primeiro passo. O verdadeiro desafio reside em dominar essas habilidades ao longo do tempo. O processo de aperfeiçoamento requer dedicação e paciência.

1. **Prática regular:** a prática constante é essencial para o domínio de uma habilidade. Dedique tempo diária ou semanalmente para aprimorar suas habilidades, incorpore a prática à sua rotina e mantenha-se comprometido.

2. **Estabelecimento de metas de aprendizado:** vão fornecer um foco claro e mensurável para sua jornada de domínio. Defina metas a curto e longo prazo, isso não apenas mantém você motivado, mas também fornece um guia para medir seu progresso. Celebre cada marco de progresso, por menor que seja. Cada passo na direção certa é uma vitória.

3. **Resiliência diante dos obstáculos:** no processo de aprendizado, você encontrará obstáculos e desafios. A resiliência é fundamental para superar esses obstáculos e perseverar.

4. **Aprender com erros:** erros são oportunidades de aprendizado. Em vez de se desencorajar, veja os erros como parte natural do processo de aperfeiçoamento. Sempre faça uma análise do que deu errado e como você pode melhorar. A reflexão e o ajuste contínuo são a chave para aprimorar suas habilidades.

Dominar habilidades exige paciência. É um processo contínuo e, muitas vezes, sem um fim definido.

Agora que você entende a importância da aprendizagem contínua e as estratégias para adquirir novas habilidades, é hora de agir. Defina metas de aprendizado, busque mentores, inscreva-se em cursos *workshops* e comece a trilhar o caminho da aquisição de habilidades. A ação é a chave para o sucesso.

À medida que você embarca nessa jornada de aquisição e domínio de novas habilidades, lembre-se de que você é o responsável de sua própria história e que cada desafio que enfrentar é uma oportunidade de crescimento. Cada obstáculo superado o tornará mais forte e mais preparado para enfrentar o futuro.

Sua carreira é uma jornada épica de autodescoberta e transformação. Abra-se para o crescimento e a mudança, pois são os motores de seu sucesso e realização profissional. À medida que você avança nessa jornada de aquisição e domínio de habilidades, mantenha o foco em suas metas de aprendizado e esteja disposto a enfrentar os desafios que surgem no caminho.

O que você aprenderá nessa jornada não apenas melhorará sua carreira, mas também enriquecerá sua vida. Compartilhar seu conhecimento e experiência com os outros é uma maneira de retribuir e inspirar a próxima geração de profissionais. À medida que você se tornar um mestre em suas habilidades, lembre-se de que cada passo nessa jornada é uma vitória sua. Cada conhecimento adquirido, cada competência dominada é uma conquista a ser celebrada.

Aprenda, cresça e evolua. Você está destinado a grandes resultados. Sua jornada começa agora, e o futuro é promissor para aqueles que desejam buscar o aprendizado contínuo e o domínio de novas habilidades. Portanto, siga em frente com determinação, abrace os desafios com confiança e alcance novas alturas em sua jornada profissional e pessoal. A ação é a chave para o sucesso, e a jornada é sua para moldar.

Exercício prático: plano de desenvolvimento de habilidades

A aquisição e o domínio de novas habilidades são fundamentais para o crescimento profissional. Após ler este capítulo, crie um plano de desenvolvimento de habilidades pessoal para guiar sua jornada de aprendizado contínuo. Siga estas etapas:

1. **Identifique suas metas profissionais:** pergunte a si mesmo: Onde você deseja estar em sua carreira? Quais habilidades são essenciais para atingir essas metas?

2. **Avalie suas habilidades atuais:** faça uma análise honesta de suas habilidades atuais em relação às metas que você definiu. Onde estão suas lacunas?

3. **Defina metas de aprendizado:** estabeleça metas de aprendizado claras e específicas. Por exemplo: melhorar minhas habilidades de liderança.

4. **Escolha estratégias de aprendizado:** com base em suas metas, escolha as estratégias que melhor se adequam a você, como cursos, mentorias, leitura ou participação em *workshops*.

5. **Crie um cronograma:** defina um cronograma realista para alcançar suas metas. Divida seu plano em etapas mensuráveis.

6. **Avalie e ajuste:** regularmente, avalie seu progresso em direção às metas e faça ajustes necessários em seu plano de desenvolvimento.

7. **Celebre as conquistas:** à medida que você adquire e domina novas habilidades, celebre suas conquistas. Isso manterá sua motivação em alta.

Lembre-se de que a aprendizagem contínua é uma jornada, e seu plano de desenvolvimento de habilidades é um guia para essa jornada. Use-o como um meio para alcançar suas metas profissionais e continuar a crescer em sua carreira.

“Não tema a mudança, abrace-a. Cada nova habilidade adquirida é um degrau rumo ao auge da sua jornada profissional.”

Kelly Marques

nutricionistalidianycarvalho

+55 (64) 98409-2847

lidiany008@hotmail.com

Lidiany Carvalho

Sou Lidiany Carvalho, natural de Caldas Novas, Goiás. Resido, simultaneamente, na minha cidade natal e em Goiânia. Sou empresária e nutricionista.

Mãe de uma princesa, atuo como nutricionista clínica, especialista em nutrição clínica, estética, fitoterápica e esportiva. Atendo na Santa Casa de Misericórdia, em Goiânia; no Centro Médico de Diagnóstico, em Caldas Novas (CDM); e, também, na Clínica Sallute.

Minha trajetória, embora desafiadora, ensinou-me a enfrentar obstáculos com disciplina e fé. Desde a infância, buscava força na leitura da Bíblia e na oração.

23 CULTIVANDO UMA MENTALIDADE POSITIVA

Por Lidiany Carvalho

Uma mentalidade, em sua essência, refere-se ao conjunto de atitudes, crenças e pensamentos que uma pessoa possui – uma espécie de lente através da qual vemos e interpretamos o mundo ao nosso redor (Barbara Lee Fredrickson).

Segundo Seligman, mentalidade positiva e felicidade é a capacidade de ter resiliência, perante as adversidades, mesmo quando elas parecem muito desafiadoras. E algumas características como bondade, originalidade, otimismo e generosidade são demonstradas por essas pessoas com mentalidade positiva (Martin Seligman, 2002).

Os seres humanos, ao serem confrontados com situações difíceis, adversas ou traumáticas, experimentam uma gama de sentimentos, desde ansiedade, raiva, depressão a entusiasmo, força e superação e, pensando no bem-estar emocional, o cultivo do pensamento positivo, ajudará você a viver intensamente cada instante do dia a dia e prevenir doenças neurológicas, já por outro lado, se sua mente estiver sempre priorizando o lado negativo, isso pode ser extremamente prejudicial à sua saúde mental, pois sabemos, por meio de estudos, que os pensamentos negativos podem prejudicar as sinapses e até matar neurônios.

O estar de bem com a vida molda a forma como respondemos aos desafios e como interpretamos as dificuldades diariamente, bem como o modo como reagimos ao sucesso e ao fracasso. O balanço entre sentimento negativo e positivo está fortemente relacionado às diferenças entre as orientações otimista e pessimista na vida (Carver *et al.*, 2010).

A nossa mentalidade não é estática, ela é moldada pelas nossas experiências de vida, pelo ambiente onde vivemos e pode ser influenciada e alterada através do esforço consciente e da prática. Entender a mentalidade é crucial e exerce um papel significativo na maneira como vivemos nossas vidas. O otimismo e o pensamento positivo têm sido associados a melhores resultados em recuperação de diversas áreas da saúde física, e após alguns estudos, têm sido associados até mesmo a melhores resultados em recuperação, inclusive, do câncer (Zenger *et al.*, 2010).

No entanto, agora que você compreende o conceito de mentalidade positiva, vamos cultivar moldando a forma de concentrar seus pensamentos toda vez que surgirem pensamentos negativos. Você deve ver o lado positivo do pensamento e, imediatamente, substituir esses pensamentos negativos pelos pensamentos positivos. Desenvolva uma vigilância e treine seus pensamentos, diariamente.

No entanto, você precisa de muita disciplina mental. Ter uma atitude positiva diante da vida atrai pessoas e efeitos positivos. Assim, naturalmente, as energias que vibram na mesma sintonia tornam-se mais harmoniosas, mostrando que a felicidade pode realmente estar em nossas cabeças, como a teoria popular tem afirmado há tanto tempo. Pessoas felizes apreciam o que elas já têm, sem se prender àquilo que ainda não possuem (Sonja Lyubormirsky, 2001).

Veja como treinar diariamente o cérebro para cultivar uma mentalidade positiva:

- exerça a gratidão diária, começando seu dia meditando e falando com Deus;
- permaneça centrado e ativo;
- coma, beba e durma bem;
- ajude o próximo;
- realize atividades físicas;
- foque sua energia naquilo que realmente vale a pena;
- saiba dizer não.

As comunicações emocionais confiantes entre duas pessoas, como parceiros conjugais, por exemplo, promove a vitalidade, pois favorece áreas centrais de felicidade como a resolução de problemas cotidianos, a aceitação e o engajamento entre as pessoas.

Por outro lado, na comunicação baseada em agressões e contra-ataque, as pessoas que se sentem agredidas tendem a focar em suas emoções, e então a cooperação torna-se inviável. (David Servan-Shreiber, 2004).

Foram tomadas algumas medidas em relação ao efeito da mudança no estresse da vida, e os mediadores explicaram o efeito sobre os problemas emocionais e comportamentais na vida de alguns adolescentes. Após o estudo, foi constatado que houve reavaliação cognitiva, supressão expressiva, atitudes disfuncionais e erros cognitivos negativos que não contribuíram para o efeito indireto, além dos pensamentos automáticos negativos (Abele, J.R.Z., & Sullivan, C. 2003).

A melhor forma para evitar que a mente sofra danos emocionais e, consequentemente, prejuízos físicos causados pelos pensamentos negativos é garantir que sua mente seja ocupada por outros pensamentos positivos, sempre cultivando uma mentalidade otimista.

Segundo Shwan Achor, a felicidade e o otimismo promovem o desempenho e a realização – proporcionando-nos a vantagem competitiva que o autor chama de **benefício da felicidade**.

Uma expansão de emoções positivas, mesmo quando passageiras, contribuem para a resiliência, o bem-estar e a saúde e, com isso, ajuda na expansão das possibilidades, enquanto uma mente negativa tem mais dificuldade em encontrar soluções (Barbara Fredrickson)

A autoestima aumenta a motivação, além disso, aumenta a probabilidade de sucesso. A autoestima elevada pode, ainda, diminuir o efeito do fracasso ocasional e, assim, diminuir o risco do desenvolvimento de níveis elevados de pessimismo (Bandeira *et al.*, 2002).

Estudos já apontam a influência do otimismo na construção da personalidade e de indicadores positivos, como a autoestima. Uma vez que essa relação já foi provada em diversos estudos, futuras investigações no sentido de se identificar são sugeridas e, por fim, com o acúmulo de evidências, fica claro que o otimismo e o pensamento positivo compõem uma variável de diferença individual e desempenham um papel central nas experiências humanas.

Para cultivar positividade, pratique a gratidão diária, mantenha-se centrado e ativo e cuide de sua saúde. Contribuir para que outras pessoas realizem atividades físicas e focar no que realmente importa são práticas eficazes. Comunicar-se de maneira confiante promove vitalidade nas relações. Treinar diariamente o cérebro envolve substituir pensamentos negativos por positivos. A felicidade está ligada ao otimismo. Estudos mostram a influência do otimismo na autoestima e na construção da personalidade.

Uma mente treinada para o otimismo

Que a nossa mente seja treinada, para que possamos enxergar o lado positivo em momentos desagradáveis que surgirem ao longo de nossas vidas, que a positividade esteja presente, mesmo diante dos desafios existentes na vida. Quando conseguimos manter uma mentalidade positiva e otimista, os efeitos em nossa saúde mental e física ficam evidentes, como, por exemplo: melhora da imunidade, maior vitalidade da pele, olhos brilhantes, melhora da qualidade do sono e redução de riscos de doenças contagiosas e crônicas.

Necessitamos de muita disciplina mental e de exercícios diários para termos atitudes positivas. É assim que atraímos pessoas otimistas, com energias que vibram na mesma sintonia. É dessa maneira que podemos cultivar relacionamentos mais harmoniosos.

Quando cultivamos uma mentalidade positiva, estimulamos a motivação, a eficiência, a resiliência, a criatividade e a produtividade, o que, por sua vez, melhora nosso desempenho.

“A construção da nossa personalidade e felicidade está ligada, diretamente, ao otimismo.”

Lidiany Carvalho

lilianmarreta

Lilian
MARRETA

LILIANMARRETA

Lilian Marreta

Sou Lilian Marreta, fundadora e CEO da LLA Gestão Empresarial, com experiência de mais de 20 anos ajudando empresários a sair de grandes crises em suas empresas.

Nascida na cidade do pintor Cândido Portinari, Brodowski, filha de José e Ana, irmã de Marcos, Elaine e Bruno, mãe do Gabriel e casada com Mario. Amo cuidar do corpo, da mente e do espírito e sou apaixonada por viajar e pela natureza.

Empreendedora, investidora, consultora financeira e palestrante, tenho uma rica experiência na liderança em empresas de diversos setores, incluindo automobilismo, imobiliário, beleza e alimentício. Sempre fui visionária e trilhei um caminho para o topo, desafiando limites e construindo impérios, reconhecida pela habilidade única de identificar oportunidades e transformá-las em empreendimentos lucrativos.

Acredito que a fé move montanhas, somos o que pensamos e colhemos o que plantamos.

24 INTELIGÊNCIA FINANCEIRA: LIBERTE SEU POTENCIAL ECONÔMICO

Por Lilian Marreta

Em muitos momentos, estive diante de encruzilhadas e fui obrigada a escolher o roteiro da minha própria vida, acreditando que tudo daria certo e que meus sonhos seriam possíveis, mesmo que naquele momento estivesse muito longe da minha realidade.

Isso foi o que me fez chegar aqui e é o que vou relatar neste capítulo: minha trajetória, o modo como aprendi a ter inteligência emocional libertando meu potencial financeiro.

Do abacaxi aos milhões: como me tornei milionária

Como tudo começou

O abacaxi sempre fez parte da minha vida, literalmente, e por muitos anos ele foi o sustento da minha família. Mas eu decidi pegar todos os abacaxis que apareceram na minha vida e colocar como troféu de cada conquista, pois o abacaxi, apesar de seus espinhos, também carrega uma coroa. Eu vivia em uma pequena cidade e ajudava minha mãe no comercio fazendo salgados e vitaminas, mas meu sonho era ser uma grande executiva.

Aos 18 anos, engravidei do meu primeiro namorado e tive que assumir sozinha essa maternidade. Poderia ter virado vítima das circunstâncias, mas, não, não desisti dos meus sonhos, e isso só me fortaleceu ainda mais. Fui trabalhar em uma grande empresa que faliu e logo tive que me desdobrar, ganhando pouco, dando aulas, vendendo roupa, tendo meu carro preso por falta de pagamento, e por muito tempo meu almoço eram duas esfihas do Habib's, quando de repente recebi uma proposta para trabalhar em São Paulo.

O medo e o frio na barriga estavam ali. Os desafios que enfrentei eram do tamanho da daquela cidade gigante, mas meus sonhos e a vontade de vencer eram maiores. Tive que vender meu carro, tive a energia do salão de beleza que montei cortada, dividi prato no almoço e milho na faculdade, trabalhava de 15h a 17h por dia, tive muitos altos e baixos, mas eu era feliz e grata por tudo. Mas, de repente, tive uma virada de chave na minha vida que me fez conquistar casas, carros, viagens, negócios, cargos importantes e toda bagagem e experiência que vivi serviram para me guiar para o topo.

A lição da Porsche

Nunca me esqueço de uma viagem, dessas para vender roupas, que foi particularmente difícil. Eu tinha apenas R$ 7,00 na carteira. Quando o ônibus parou em um posto de gasolina na estrada, onde os salgados custavam quase R$ 10,00 cada um, minha irmã percebeu minha hesitação. "Vem, eu te pago um lanche", ela insistiu.

Cerca de 20 anos depois, eu estava de volta àquele mesmo posto, e as circunstâncias eram completamente diferentes. Meu marido e eu descemos do carro dos meus sonhos, uma Porsche, e fomos comer. A comida estava deliciosa, mas, ao me sentar à mesa, não consegui segurar as lágrimas.

O mesmo restaurante onde, no passado, eu não pude pagar por uma refeição agora era um lugar onde eu não só podia comer, mas também inspirar. Quando saímos, notei um menino no estacionamento encantado com a minha Porsche.

Chamei e ele e disse: "Entra aí". O menino hesitou. Ele começou a tirar os chinelos, como se sentisse que não era digno de entrar no carro. Eu o interrompi: "Não, pode entrar com o chinelo mesmo".

Ele entrou no carro, seus olhos brilhando mais forte do que qualquer uma das luzes do painel. Mostrei a ele como ligar o carro, algo peculiar na Porsche, já que a ignição fica do lado esquerdo. "Põe o pé aqui", instruí. E com um leve toque no acelerador, o ronco do motor encheu o ar.

A mulher que enfrentou dias difíceis, sem dinheiro, viagens exaustivas e inúmeras adversidades estava agora em uma posição não apenas de celebrar suas próprias vitórias, mas também de incentivar os sonhos de outros.

A ascensão e a arte do equilíbrio

Finalmente a vida começou a se mover em um ritmo alucinante. De repente, cercada por prédios altos, trânsito incessante e oportunidades incontáveis.

Era excitante, mas também assustador. A cidade era um monstro de mil cabeças, sempre pronta para engolir os despreparados.

Fui convidada a trabalhar em São Paulo, Benson, economista, era um gênio em vendas e em estratégia empresarial, e eu, com minha experiência em executar, complementava suas habilidades perfeitamente. Começamos a conquistar novos espaços, mas os desafios eram enormes, pois havia altos e baixos no trabalho.

Nessa época, eu também fazia faculdade e quantas vezes tive que levar meu filho comigo nas salas de aula, pois nossa casa era muito longe de onde tínhamos o escritório e de onde era a escola dele e minha faculdade e isso nos deixava bem cansados. Era exaustivo para todos.

O "não" mais difícil

Às vezes, as lições mais valiosas da vida vêm de momentos muito duros. Um dia, no supermercado, fazendo contas com a calculadora enquanto colocava os produtos no carrinho (tinha apenas R$ 100,00 para gastar naquela semana), Gabriel, meu filho, estava comigo e disse: "Mãe, eu quero isso". O "isso" era 15% do nosso orçamento.

Gabriel percebeu minha hesitação e disse: "Não, mãe, pode deixar". Meu coração se partiu naquele momento. Depois desse dia no supermercado, comecei a refletir mais profundamente sobre o valor do dinheiro e o impacto que pequenas decisões financeiras têm na vida das pessoas.

As luzes que se apagam e as lições que se acendem

No auge da minha carreira como proprietária de um salão de beleza de alto padrão, as aparências enganavam. Meus clientes eram da classe A, meu estabelecimento era refinado e minha equipe de 40 funcionários era competente e bem treinada. Mas, sob a superfície dessa imagem de sucesso, eu estava atolada em desafios financeiros que só eu conhecia.

Um dos episódios mais angustiantes ocorreu em um sábado, o dia mais movimentado da semana. Naquele dia, um técnico da Eletropaulo apareceu no salão com a intenção de cortar a energia elétrica devido a contas atrasadas. Entrei em pânico. Com várias clientes no meio de procedimentos que necessitavam de água corrente e eletricidade, a situação seria catastrófica.

O corte da energia resultou em uma série de constrangimentos e improvisos. Lavamos o cabelo das clientes com água fria e utilizamos a luz do dia para continuar os procedimentos. Foi uma verdadeira provação que testou minha habilidade em manter a calma e solucionar problemas em um momento crítico.

Duas horas após o corte, a energia foi restabelecida, mas a experiência me deixou cicatrizes.

Quando uma janela se fecha, uma porta se abre

Conseguimos um contrato com uma grande empresa e em 2011, decidi vender o salão. O *timing* não poderia ser mais perfeito: um comprador da Drogaria São Paulo apareceu do nada, disposto a pagar o preço que eu pedia pelo ponto. Vendi e usei o dinheiro para investir em um imóvel e em um restaurante com meus irmãos na minha cidade natal, Brodowski, e aí comecei a investir em imóveis.

A lei da atração e a fé

Sempre fui uma pessoa que acredita no poder da visualização e da manifestação e tenho uma fé em Deus inabalável.

Comecei com cartinhas escritas à mão quinze anos atrás, onde delineava meus sonhos, metas e desejos mais profundos. Hoje, ao olhar para trás, é impressionante como muitas dessas aspirações se tornaram realidade.

Mas não basta só desejar, claro. Acredito que o universo tem um tempo para tudo, e que a lei da atração não é uma varinha mágica. É mais como um campo fértil: você planta as sementes com seus pensamentos e ações, mas também precisa estar disposta a regá-las, cuidar delas e esperar que cresçam. Cada oportunidade que aproveitei, cada risco que tomei, foi como se eu estivesse cultivando esse campo, preparando-me para a colheita que viria eventualmente.

O abacaxi e a estrada para Maresias

Às vezes, a vida tem uma forma poética de nos mostrar o quanto avançamos. É como se ela nos desse um espelho para olharmos nosso reflexo e vermos a enorme diferença entre o "ontem" e o "hoje". Para mim, essa diferença está personificada em duas coisas: abacaxis e uma estrada para Maresias.

Quando éramos mais jovens, um amigo nos ofereceu a chance de umas férias diferentes. "Zé, por que você não vende seus abacaxis lá no Litoral Norte? Leva a família e fica lá na nossa casa em Boiçucanga", eles disseram.

Era uma experiência única, uma aventura para a família toda. E como íamos à praia? Em um caminhão, claro, com abacaxis na carroceria. O pessoal da praia deve ter pensado: "Olha lá os farofeiros chegando!". Mas a gente não ligava; estávamos felizes por estar ali, juntos.

Hoje, quando viajo para Maresias, sinto um nó na garganta. A estrada, linda como sempre, me faz lembrar daquelas viagens de caminhão, da época em que contar abacaxis era o preço da nossa entrada para o paraíso.

A vida pode nos oferecer abacaxis, mas o que realmente importa é o que fazemos com eles. Hoje tenho duas casas maravilhosas em Maresias cercada pela exuberante Mata Atlântica e pelas montanhas, um lugar onde eu sempre sonhei em ter um refúgio e que, além de desfrutar desse lugar encantador, ainda tenho ótima renda passiva com elas.

O poder da autoestima e o círculo em que você anda

A lição que meu pai me ensinou na adolescência continua ecoando em minha mente: "Filha, você tem que estar com pessoas melhores do que você". Na época, eu achei que ele estava sendo interesseiro, logo ele, que era tão simples, mas hoje entendo o real significado por trás dessas palavras. Meu pai estava falando sobre elevação pessoal e sobre a importância de escolher cuidadosamente as pessoas com quem passamos o nosso tempo. O ditado popular "Diga-me com quem andas, que eu te direi quem és" nunca foi tão relevante. A energia que você carrega é perceptível; as pessoas podem sentir se você está bem consigo mesmo.

Esse é o mantra que guia minha vida agora. É uma mudança de mentalidade que pode parecer sutil, mas tem um impacto enorme em como você é percebido e, mais importante, em como você se percebe.

Então, se você está buscando sucesso, comece avaliando a energia que você está carregando e com quem você está compartilhando seus dias. "temos que sentir para pertencer". Então, sinta-se como a pessoa que você quer ser, e você já estará no caminho para se tornar essa pessoa.

“Os abacaxis da minha vida viraram troféus de cada conquista, pois, apesar de seus espinhos, eles também carregam uma coroa.”

Lilian Marreta

marisagarcia.terapeuta

+55 (15) 99115-7699

marisagarcia.terapia@gmail.com

Meu Instagram

Meu WhatsApp

Marisa Garcia

Eu sou Marisa Garcia. Graduada em Terapias Integrativas e Complementares, atuo como consteladora familiar sistêmica e mentora na formação de novos consteladores. Atualmente, faço pós-graduação em mediação de conflitos também na área da Constelação Familiar.

Completamente apaixonada pelas energias e suas vibrações, sou mestre em mais de vinte sistemas de Reiki. Também atuo com terapia holística com técnicas de Medicina Tradicional Chinesa (MTC), hipnose clínica, Programação Neurolinguística (PNL), barras de access, radiestesia e radiônica. Moro em Sorocaba, interior de SP, e atendo de forma presencial e online.

Achei o meu lugar de força como filha, irmã, mãe, adulta, empresária e mulher. Agora, ajudo pessoas como você a entender seus próprios conflitos e a achar o seu lugar na vida, no seu sistema e no mundo.

25 A ARTE DA CONSCIÊNCIA: ENCONTRE O SEU VERDADEIRO EU

Por Marisa Garcia

A arte da consciência, certamente, é um assunto fascinante.

Muitos de nós estamos em busca de nós mesmos, e é somente através da consciência que conseguiremos encontrar o nosso verdadeiro eu e o nosso lugar de força no mundo.

Carl Gustav Jung tem uma frase que diz: "Até você se tornar consciente, o inconsciente irá dirigir sua vida, e você chamará isso de destino".

Eu passei por uma fase bem delicada da minha vida. Em 2009, tive uma depressão. Nada na minha vida fazia sentido. Não tenho como descrever a dor que eu sentia na minha alma. Era como se eu não existisse. Meu corpo, meus pensamentos, nada era meu. Era um vazio tão profundo por dentro que os meus pensamentos eram os meus piores inimigos. Eu não me sentia parte da família, eu não sabia o meu lugar, eu não me sentia viva. Tudo o que eu queria era "matar" aquela dor. Quando a dor é tão grande que dilacera a nossa alma, pensamentos ruins chegam. O desespero era para acabar com a dor de uma vez por todas. Os remédios anestesiavam e faziam dormir, mas o vazio, a dor ainda estavam lá.

A frase de Jung me fez pensar. Seria esse o meu destino? O que seria esse inconsciente que estava dirigindo a minha vida? Não. Esse não pode ser o meu destino!

Eu comecei a procurar ajuda com terapias e procurei entender o funcionamento do meu cérebro. Meus pensamentos precisavam mudar. Quando fazemos as mesmas coisas, vamos obter os mesmos resultados.

Pensar no quanto a nossa mente é poderosa e nas infinitas possibilidades de criação das nossas realidades através do nosso pensamento faz admirar ainda mais o ser humano.

A capacidade do nosso cérebro de moldar-se a novas situações chama-se neuroplasticidade. A comunicação entre um neurônio e outro são as sinapses. A neuroplasticidades e as sinapses criadas no nosso cérebro fazem do nosso cérebro a máquina mais perfeita e poderosa da criação divina. Você já parou para pensar que é você o operador dessa máquina e que ninguém fará por você tamanha a força que você carrega dentro si mesmo?

Muitas vezes, em nossa vida, tratamos os sintomas, e não a raiz dos problemas, de fato. Mais de 90% da nossa mente é inconsciente, segundo Sigmund Freud. Como exemplo, podemos imaginar um sofá cheio de pulgas abandonado em um porão. O porão seria o nosso inconsciente; o sofá, nosso trauma, fobia, medo, dor, a raiz do nosso problema de fato; e as pulgas, os sintomas. Não estamos vendo o sofá no nosso porão, e sim as pulgas que saem vez ou outra e nos causam incômodos. Eu posso até tratar as pulgas de fora, mas se eu não tiver coragem de entrar nesse porão, encarar o sofá e tratar esse sofá, não conseguirei acabar com os sintomas da infestação de pulgas.

É preciso encarar nosso porão do inconsciente. Dói olhar para dentro de si. O autoconhecimento é um ato de coragem. A aceitação de si mesmo é um ato de amor.

Você já parou para pensar que nós somos semelhantes a uma corrente? Se uma corrente foi projetada para aguentar uma tonelada, mas se essa corrente tiver um elo com defeito e esse elo aguentar quinhentos quilos, toda força dessa corrente está concentrada nesse elo mais fraco. Reconhecer nossas fraquezas, reconhecer limites e nossas dores faz de nós mais fortes. O que eu não aceito em mim é reprimido e volta em forma de sintomas cada vez mais e mais fortes. "Tudo aquilo que o homem ignora não existe para ele. Por isso o universo de cada um se resume no tamanho do seu saber" (Albert Einstein).

Existe uma maneira de acessar o nosso inconsciente através de perguntas. O nosso cérebro armazena informações de tudo que vivemos. Esse armazenamento é realizado em seis níveis que chamamos de níveis neurológicos. Imagine que nosso cérebro tem uma cômoda de seis gavetas. Quanto mais alto o nível, mais impacto sobre nós.

As gavetas são os níveis em si. As perguntas são as chaves que abrem essas gavetas. O conteúdo é o que vamos encontrar nessas gavetas.

Existem perguntas genéricas como: "Qual?"; "Quais?", entre outras que também são usadas, no entanto, existe perguntas mais especificas que nos dão respostas de maneira mais rápida, mais certeira.

Gaveta (nível)	Chave (pergunta)	Conteúdo
6. Espiritualidade	Quem mais?	Quem mais além de você
5. Identidade	Quem?	Visão / missão
4. Crenças / Valores	Por quê?	Motivação
3. Capacidades	Como?	Direção
2. Comportamentos	O quê? Quê?	Ação
1. Ambientes	Onde?	Reação

Ambientes são espaços que se situam dentro e fora de nós. Onde eu reajo? Onde dói? Quais reações eu tenho?, lembrando que reação na reação não tem o pensamento. Eu só reajo.

Nos comportamentos, o que eu faço? Que comportamento é esse? Quais ações eu tenho com esse comportamento? Esses comportamentos podem ser internos ou externos.

Como eu faço? Quais são as minha as capacidades? Como minhas capacidades interferem na minha direção? Todos nós temos capacidades dentro de nós.

Por que você acredita? Por que não acredita? Por que isso te motiva? Quais motivações você tem para fazer ou não fazer algo? Quais são os seus valores? Sempre que usamos a pergunta "Por quê?", estamos acessando uma crença, uma justificativa, e as crenças nem sempre são lógicas.

Quem é você? Quem é você livre do seu nome, da sua profissão? Quem é você quando você está sozinho em seu quarto, em seus pensamentos? Quais as impressões que você tem sobre você? Qual a sua missão de vida?

No espiritual, está tudo que está fora de nós. Nossos familiares, pessoas que convivemos, nosso trabalho, o meio onde vivemos, coisas que vemos na TV. Quem mais tem influência sobre você? Quem mais importa para você?

Essas perguntas vão abrir nossas gavetas para que consigamos olhar para nós de uma maneira profunda. A solução de um problema está em um nível superior ao que foi criado. Não é possível resolver raiva com raiva. Se eu tenho um problema onde eu estou reagindo e eu identifiquei, a solução pode estar nas ações, na direção, na motivação, por exemplo. Passamos a usar as perguntas do nível acima para achar a solução.

Conhecer a nós mesmos é libertador

Somos seres holísticos, ou seja, tudo em nós está interligado. Cada pessoa é única. Nosso corpo físico reflete a soma dos nossos pensamentos, sentimentos e recebe influência do meio onde vivemos.

Existem muitas dinâmicas inconscientes. Você se lembra que eu comentei da minha depressão, meu sentimento de vazio, meu desejo de morte? Muitas vezes, precisamos ir além de nós mesmos para encontrar respostas.

A Constelação Familiar é uma terapia breve que nos permite observar de uma maneira profunda as dinâmicas envolvendo o nosso sistema familiar. Trazida à luz pelo alemão Bert Hellinger, nós não temos apenas o DNA de características físicas do nosso sistema familiar. Nós temos também um DNA energético dos nossos antepassados. Existe um campo de informações onde tudo que nossos antepassados viveram, seja algo bom ou algo ruim, fica registrado e nós acessamos esse campo de informações, denominado por Rupert Sheldrake de campo morfogenético.

Tudo o que nós queremos é pertencer. Queremos ser aceitos e amados por nosso sistema familiar.

As leis ou ordens do amor são os três pilares que servem de base na constelação familiar. São leis inconscientes que regem todos os sistemas familiares e organizacionais.

A lei do pertencimento diz que todos e tudo que teve importância no sistema familiar tem o direito de pertencer e tem o seu lugar de direito. Se existe algo ou alguém excluído ou não está sendo visto, um membro de uma geração futura pode olhar para essa dor e seguir o mesmo destino na tentativa inconsciente de reparar essa falta.

Na lei da hierarquia existe uma ordem de chegada que deve ser respeitada. Quem veio antes prevalece sobre o sistema. A bagagem dessa pessoa é maior. Se alguém rompe a hierarquia, essa pessoa deixa a vida dela para viver a vida de outra pessoa.

A lei do equilíbrio rege os relacionamentos. Eu faço um pouquinho e o parceiro faz um pouquinho, e assim o relacionamento cresce. Se eu faço demais, há desequilíbrio. O único relacionamento que não precisa de equilíbrio é entre pais e filhos. Os pais deram a vida, e a vida é algo muito grande e não tem como equilibrar. Os pais dão e os filhos recebem e seguem fazendo algo bom com a vida receberam.

Lembra de quem mais nos influencia dos níveis neurológicos? Os nossos antepassados nos influenciam, mesmo que não os conheçamos. Por um amor cego, por uma lealdade familiar, muitas vezes não conseguimos fazer diferente. Seguimos olhando para a morte daqueles que foram importantes para o nosso sistema. Sentimos o vazio deixado por aqueles que nem sequer vieram à vida. Seguimos relacionamentos infelizes em honra daqueles que também o foram.

A Constelação Familiar traz a luz e o entendimento, nos desvinculando e trazendo a liberação para seguirmos adiante na vida, fazendo diferente dos nossos antepassados.

Através da constelação, é possível encontrar o seu lugar, aceitando sua história, dizendo sim a tudo como foi e deixando com cada um o que de fato é seu por direito.

Somente em nosso lugar, olhando para a nossa vida, temos força para seguir adiante com a vida.

É importante cuidar do físico, mas cuidar também do emocional é fundamental. Somos energia e tudo e todos a nossa volta também o são. O que eu vibro para o universo eu atraio para mim. Nós somos o resultado do que pensamos, principalmente a respeito de nós mesmos. Olhe para você com amor. Mais ninguém fará por você o que depende de você fazer. Priorize-se. Faça do seu sim um sim, do seu não um não. Dê flores a si mesmo (a), leve você para passear, declare seu amor por você todos os dias. Não existe ninguém mais importante nesse mundo que você. Quando todos partirem, vai ficar você e sua companhia. Invista em você, na sua saúde física, mental, emocional e espiritual. Você merece!

“Dê flores a si mesmo (a), leve você para passear, declare seu amor por você todos os dias. Não existe ninguém mais importante nesse mundo que você.”

Marisa Garcia

monicamorais.psic
+55 (12) 99758-6018

Mônica Morais

Sou psicóloga, psicanalista e pedagoga. Cresci em um lar onde a compaixão e a generosidade eram valores fundamentais. Desde cedo, vi meus pais ajudando os necessitados, o que moldou minha visão de mundo.

Ao longo dos anos, acumulei experiências e expandi meus conhecimentos, incluindo Constelação Familiar Sistêmica e Mediação de Conflitos. Com mais de duas décadas de prática clínica, já ofereci mais de 40 mil horas de atendimento, no Brasil e online para brasileiros, no exterior.

Busco elucidar os conflitos em diversos tipos de relacionamentos: familiar, profissional e outros. Minha meta é oferecer ferramentas para superá-los. Não pretendo esgotar os temas, mas inspirar pessoas a desenvolverem suas próprias soluções para a superação.

Agradeço a todos que contribuíram para minha jornada, especialmente aos meus pais e filhas, por quem tenho profunda gratidão.

26 DA ADVERSIDADE À FORÇA: TRANSFORMAÇÃO DAS DORES

Por Mônica Morais

Chegar a um estágio de desenvolvimento onde a operação psíquica é possível é, por assim dizer, atingir um grau elevado de maturidade, quase alcançando um patamar de plenitude na saúde mental. No entanto, este processo não é tão simples como pode parecer. De acordo com Sigmund Freud, nada é tão difícil para o ser humano quanto abdicar de um prazer já experimentado. Isso nos leva à questão das dores psíquicas: nossas dores são, na verdade, a nossa incapacidade de abrir mão de pessoas, situações ou experiências que um dia tivemos ou sonhamos ter. É uma batalha constante para regular nossas expectativas, equilibrando o prazer e a evitação do desprazer.

Nosso psiquismo é composto por três instâncias: **Id**, **Ego** e **Superego**.

O **Id** abrange tudo o que trazemos conosco ao nascer – experiências vividas por nossos antepassados, instintos biológicos como a necessidade de sobrevivência e de alimentação, provenientes de nossa natureza biológica. Esses são aspectos instintivos e não requerem pensamentos. É conhecido também como o inconsciente, devido à localização desses conteúdos.

Para o inconsciente são direcionadas as experiências rejeitadas por nos causarem dor, por conflitarem com nossos valores ou com nossa autoimagem. Por exemplo, uma experiência de profunda dor, como um abuso, pode ser reprimida para evitar uma ruptura familiar. Entretanto, a sensação permanece de forma indireta na consciência da pessoa, como uma sensação vivida sem causa.

O **Ego** é construído a partir da interação entre esses instintos e as experiências vividas ao longo da vida, desde a gestação até a vida adulta. Especialmente nos primeiros anos, quando a psique está em formação, iniciamos a construção de nossa identidade, que nos diferencia dos outros. É neste período que as negociações entre o desejo de prazer e a evitação da dor ocorrem.

Por fim, o **Superego** representa o processo educacional, refletindo todas as experiências absorvidas, como regras morais e sociais. Tudo o que foi aprendido no âmbito familiar, escolar e religioso faz parte do Superego.

Assim, são lançadas as raízes de todos os conflitos e de suas soluções. A felicidade é, em essência, a capacidade de negociar entre o que o Id demanda e o que a moral permite. Por exemplo: posso gostar de chocolate e desejar comê-lo, mas se o consumo for excessivo, poderá afetar a minha saúde e vida.

O Superego dirá "Não coma chocolate, faz mal", mas caberá ao Ego intermediar: "Vamos comer só um hoje, outro amanhã", satisfazendo os dois lados. Este é apenas um exemplo simples para entendermos uma operação complexa, crucial para direcionar nossas dores para destinos saudáveis e produtivos.

A infância desempenha um papel fundamental na formação do nosso "Eu". Somos como uma casa em construção, e é na infância que a base é estabelecida, capacitando-nos a administrar toda a vida adulta.

A psicoterapia, com um profissional capacitado, nos permite ressignificar experiências traumáticas e atribuir novos significados a sensações e vivências. Isso nos faz crescer como seres humanos, compreendendo que esse crescimento é um processo contínuo, não um destino final.

Muitas vezes a vida nos apresenta dores que nos derrubam, mas nunca da mesma maneira. Desenvolvemos recursos internos a partir dessas negociações psíquicas, que nos permitem ver saídas, mesmo ao abraçar dores inerentes à vida, como perder alguém que amamos por morte. No entanto, transformamos essas dores em crescimento e enfrentamos os desafios para os quais nos preparamos e nos fortalecemos, encontrando um saldo positivo neste processo.

Assim, podemos pensar na dor como um auxílio para o desenvolvimento pessoal. Perguntas paralisantes como "De onde veio esta dor?" ou "Por que estou tendo que passar por isso em minha vida?" nada mais fazem do que nos desviar do centro de tudo que é a nossa capacidade de suportar e, depois, ultrapassar a dor.

Nossas dores emocionais, frequentemente invisíveis aos outros, estão profundamente conectadas aos laços e às relações que mantemos, especialmente aqueles ligados à nossa família. Embora os relacionamentos contribuam para nosso amadurecimento, é comum que encontremos dificuldade em superar essas dores, muitas vezes enraizadas em padrões familiares. Costumamos repetir tais padrões como uma forma de honrar nossos antepassados, mesmo quando conscientemente buscamos ser diferentes. Com o tempo, percebemos a repetição desses mesmos padrões que um dia desejamos evitar.

A questão é que, devido a este modo de ligação, acabamos pagando um preço muito caro, e o problema se amplia quando verificamos que essas travas vividas no campo emocional e familiar se estendem para nossa vida de trabalho. Porque não temos como separar uma área da outra, somos seres conectados e integrais. Podemos até usar algumas máscaras, porém, com o tempo, isso se esvai e começam as derrocadas profissionais, porque grandes dores podem ter origens profundas, muitas vezes inconscientes, de algo e vivências que não foram vividas por nós, mas, por aqueles que nos antecederam, portanto, de algo e experiências que nunca ouvimos falar.

A superação de uma dor exigirá sempre um movimento, um novo posicionamento, e tem que começar na gente primeiro. Como nos alerta a frase da comissária de bordo que nos diz: "em caso de emergência, máscaras de oxigênio cairão à sua frente. Vista primeiro a sua e, depois, ajude quem precisar", e isso não se trata de ser uma frase egoísta, mas de sobrevivência. É sobre decidir assumir as rédeas da própria vida.

A resposta que daremos à dor depende da nossa capacidade de nos deixarmos atravessar por ela, para que possamos encontrar no nosso eu mais profundo forças e transformá-las em atitudes, afinal, a dor pode ser nossa maior ferramenta de transformação, pois uma coisa é certa: todas as experiências nos transformam para o bem ou para o mal, mas, em geral, são aquelas ruins apontadas como transformadoras de vida e crescimento.

Não podemos ter total controle do que acontece em nossas vidas, mas podemos decidir qual destino queremos dar para determinadas experiências, encontrando algo de positivo mesmo em face a uma tragédia.

Se pudermos aceitar as dificuldades como oportunidades que temos para criar novas soluções, então nosso olhar vai mudar. Ao entendermos que podemos lucrar sempre em algum aspecto, tudo ficará mais fácil.

As circunstâncias não nos definem, elas estão fora de nós, mas o modo como lidamos com o que nos acontece, isso, sim, nos define. Enxergar a oportunidade em meio à dor não é fácil, mas ela sempre estará ali ao nosso alcance.

Neste momento, me lembrei da história de vida de Abraham Lincoln, o presidente de número 16 dos EUA, que teve uma infância difícil com o pai que perdera muitos bens. Na escola, sofria e era visto como um louco por seus colegas adolescentes, quando afirmava que seria presidente dos EUA. Mas seu propósito foi mais forte do que suas dificuldades, e cada uma delas fez dele uma pessoa forte. Lincoln aprendia com suas dores, uma nova força ele somava ao se reerguer, porque, como estrategista, estudava o que havia falhado, se fortalecia e começava de novo. Adorava ler, para ele, os livros eram os melhores professores, e saía fortalecido a cada novo aprendizado. Foi em seu governo que decretou emancipação dos escravos nos EUA. Foi de lenhador a presidente, portanto, conhecia o percurso, porque nossas limitações e grandezas estão, na verdade, dentro de nós.

Mais que um fato, transformar dores em crescimento é um processo.

Dentre os elementos desse processo, cito os que considero fundamentais:

- **Perdão:** perdoar alguém que nos feriu é libertar-se do vínculo emocional com essa pessoa e as experiências negativas.
- **Aceitação:** aceitar a vida como ela é nos conecta com realidades profundas que precisam ser reconhecidas para seguirmos adiante.
- **Não julgamento:** sair da condição de juiz de sua própria vida e da vida dos outros e entender que cada pessoa fez o que pôde, de acordo com seu desenvolvimento.
- **Reconhecer a doença mental:** muitos conflitos entendidos como maldade são, na verdade, transtornos mentais não identificados.
- **Compreender a vida como um processo:** tudo tem seu tempo, desde o plantio até a colheita. Não podemos pular etapas.
- **Perceber a finitude da vida:** lidar com os problemas de modo mais leve, entendendo nossa natureza passageira.
- **Encerrar ciclos:** encerrar experiências passadas e aprender com elas, inclusive aquilo que não desejamos mais em nossas vidas.

- **Família como sistema:** perceber que somos parte de um sistema familiar e que as experiências de nossa família nos afetam.
- **Gratidão:** agradecer por tudo que construiu quem somos, inclusive as experiências negativas que nos tornaram quem somos hoje.

Agora, se possível, avalie suas atitudes diante de experiências negativas. Como você lida com a dor e o fracasso? Lembre-se: se continuar agindo da mesma maneira e apenas tentando se livrar das experiências com julgamentos negativos, provavelmente obterá resultados semelhantes. No entanto, se deseja promover mudanças, alcançar novos resultados e um novo patamar:

- ✓ identifique seu problema, sua dor;
- ✓ compreenda as emoções presentes;
- ✓ verifique o que cada experiência pode te ensinar;
- ✓ visualize a mudança desejada;
- ✓ pense na solução e imagine novos caminhos;
- ✓ busque *feedbacks* de outras pessoas, bem como confrontar suas ideias com a realidade;
- ✓ parta para a prática, coloque seu plano em ação.

Aqui está um teste para você:

1. Pense nas últimas cinco experiências dolorosas em sua vida.
2. Escreva cada uma delas e o que aprendeu com cada uma.
3. Avalie se decidiu fazer mudanças com base no que aprendeu.
4. Verifique como se saiu ao implementar essas mudanças em sua vida.

Como foi sua experiência? O que você pode mudar para potencializar e transformar a dor em uma ferramenta de crescimento pessoal?

Espero que este texto tenha contribuído para ampliar sua compreensão sobre o desenvolvimento humano e a transformação das dores em crescimento.

"Transforme dores
em crescimento."
Mônica Morais

raffaelfornari

+55 (16) 98123-8660

Rafael Fornari

Rafael Fornari

Rafael Fornari

raffaelfornari

Rafael Fornari

Sou Rafael Fornari, mentor em controle emocional e mentalidade, com mais de 240 vidas transformadas através do método DSP (Destravando o Seu Potencial). Ajudo pessoas a melhorar disciplina, produtividade e controle emocional, elevando seus faturamentos, independentemente de suas áreas.

Por muito tempo, lutei com medos, falta de foco, concentração e disciplina, além de desafios emocionais. Isso me tornava tímido e me limitava pessoal e profissionalmente. Ao mergulhar no desenvolvimento pessoal e controle emocional, minha vida mudou. Hoje, transformo vidas por meio da mentalidade.

Compartilhar conhecimentos é minha missão, multiplicando a prosperidade. Parabéns por buscar o autodesenvolvimento.

Para mais conteúdo, siga minhas redes sociais.

27 GERENCIANDO O ESTRESSE E O EQUILÍBRIO ENTRE O TRABALHO E A VIDA PESSOAL

Por Rafael Fornari

Todos os profissionais enfrentam ou enfrentarão estresses diários em suas vidas, independentemente da área ou cargo que atue, mas poucos compreendem o impacto significativo que isso pode ter em suas vidas pessoais e profissionais. O estresse pode gerar ansiedade, preocupações e outras emoções negativas que prejudicam o sono, as ações, o comportamento e, o pior de tudo, os resultados.

Neste livro, "O caminho da mentalidade extraordinária", vou mostrar a você, caro leitor, como gerenciar o estresse e melhorar o equilíbrio entre sua vida pessoal e profissional. Se você é alguém que lida com o estresse e deseja enfrentá-lo, restaurando a harmonia em seu lar e no trabalho, sem mais noites de sono perdidas devido a seu chefe, cônjuge, vizinho ou qualquer situação que possa desencadear o estresse, você está no lugar certo.

O estresse é um sentimento comum e facilmente acionado em nós, afetando nossos pensamentos, comportamentos, ações e, consequentemente, nossos resultados. A questão é: Em qual extremo do nosso estado emocional o estresse se encaixa com mais frequência, positivo ou negativo? A resposta é óbvia: o estresse geralmente se enquadra no extremo negativo do nosso estado emocional, influenciado nossos comportamentos, pensamentos, ações e resultados também de maneira negativa.

O estresse pode ser desencadeado de várias maneiras, incluindo preocupações futuras, memórias, situações atuais e até mesmo por nossos próprios hormônios. Você já notou como fica estressado quando está com fome, lembra de algo perturbador, antecipa um evento negativo ou enfrenta uma surpresa desagradável em seu dia? Esses são alguns dos gatilhos mais comuns para o estresse e infelizmente eles estão muito presentes em nossos dias.

No entanto, não se preocupe. Com dedicação e vontade de evoluir, você pode aprender a controlar o estresse e, assim, equilibrar sua vida pessoal e profissional de maneira mais eficaz.

Aqui estão algumas estratégias para lidar com o estresse gerado por preocupações futuras:

- **Questionamento e dúvida dos seus pensamentos geradores de estresse:** comece questionando seus pensamentos iniciais, isso é o princípio da sabedoria filosófica e psicológica;
- **Identificação das fontes de preocupação:** analise qual situação específica está te causando preocupação. Isso te dará mais clareza em relação ao que está te preocupando e gerando, consequentemente, esse estresse;
- **Avaliação do pior cenário**: considere qual é o pior resultado possível dessa situação. Foi comprovado que a maioria do nosso estresse é gerado por não termos clareza do que realmente pode ou não acontecer. Ao fazer essa análise, as chances do seu estresse diminuir são de 60%.
- **Ações para diminuir o estresse:** determine quais ações podem ser tomadas para melhorar ou minimizar o resultado negativo. Quando fazemos esses planos, além de ocuparmos a cabeça e nos distanciarmos dos nossos pensamentos geradores de estresse, nós sentimos muito mais clareza em nossas ações e medidas que podemos fazer diante dessa situação, diminuindo o sentimento de estresse.

Para lidar com o estresse relacionado às memórias, lembre-se de que nosso cérebro tem "portas" específicas para armazenar diferentes tipos de memórias. Você pode escolher conscientemente se lembrar de memórias que o fazem se sentir bem, em vez de focar naquelas que te deixam estressado.

Quando o estresse é acionado por eventos inesperados em sua vida diária, é crucial usar estratégias para mantê-lo sob controle. Sorria! O neurologista francês Guillaume Duchenne comprovou que o simples ato de sorrir pode diminuir o cortisol, hormônio responsável por gerar estresse, e aumentar a liberação de serotonina, hormônio da felicidade e alegria, inclusive existe um estudo no qual dois grupos de pessoas assistem a um mesmo vídeo e possuem opiniões diferentes sobre o ele: de um lado, opiniões positivas e, do outro, opiniões negativas, e sabe qual foi a diferença de um grupo para o outro? No grupo que teve a opinião negativa em relação ao vídeo visto, todos estavam com um lápis em cima de seus lábios e abaixo do seu nariz, fazendo a fisiologia deles ficar com uma expressão facial negativa, enquanto no outro grupo, que teve um olhar mais positivo e até mesmo humorístico do mesmo vídeo, estavam todos com o lápis dentro da boa, de maneira lateral entre os seus dentes, dando uma fisiologia mais positiva às suas expressões faciais.

Pratique a técnica de respiração controlada, é simples: basta você puxar o ar pelo nariz por quatro segundos, prender por um segundo e, em seguida, soltar o ar pela boca por mais cinco segundos. Repita isso pelo menos dez vezes quando você sentir que o estresse está assumindo o controle dos seus pensamentos, comportamentos e ações. Um detalhe importante: quando for puxar o ar, é crucial que você estufe a barriga, e não o tórax. Praticar essa técnica de respiração é fundamental, pois ela diminui os nossos batimentos cardíacos, diminuindo consequentemente as nossas emoções também, facilitando o uso do nosso raciocínio. Os nossos sentimentos são cada vez mais controlados quando ativamos o nosso raciocínio, evitando resultados negativos de suas ações ativadas pelas suas emoções, que no caso seria o estresse.

Use a autossugestão positiva, isso é, diga para você mesmo em um tom claro de voz frases positivas em relação ao que aconteceu para gerar esse sentimento de estresse em você, busque olhar as coisas boas, as situações podem não ser tão ruins como elas parecem, um exemplo: você está dirigindo em uma rodovia, com seus filhos no banco de trás, e de repente um homem em alta velocidade faz um ultrapassagem muito perigosa em sua frente, colocando em risco a sua vida, o seu carro e a vida dos seus filhos. Sei que em um primeiro olhar o estresse e a raiva sobem e fazem você sentir que precisa tomar ações ou atitudes violentas em relação a esse homem, porém isso não te levará a nada, a não ser uma briga desnecessária ou realmente um possível acidente na rodovia em que vocês estavam, além de dar um péssimo exemplo para os seus filhos de como lidar com eventos inesperados do dia a dia, fazendo com que eles cometam o mesmo erro no futuro, seguindo os seus padrões de comportamentos.

Sendo assim, para evitar que isso tudo ocorra e inibir o seu estresse, observe o que de bom te resta em relação ao que aconteceu, como: você, o seu carro e seus filhos estão bem, vocês estão com saúde e seguros. Encaixe essa autossugestão positiva de acordo com as situações que te geram estresse, você se sentirá bem melhor e irá lidar melhor com esses tipos de adversidades. Observação: fazer isso depois da respiração controlada irá te dar maior controle do estresse, pelo fato de você estar ativando ainda mais o seu raciocínio e deixando as suas emoções de lado, fazendo o estresse perder o controle sobre as suas ações, comportamentos e pensamentos.

Mantenha sua mente ocupada com atividades construtivas para evitar que o estresse assuma o controle, a nossa mente dificilmente consegue focar em dois tipos de pensamentos distintos e diferentes, portanto, quanto mais você conseguir se distanciar dos pensamentos iniciais que geraram o sentimento de estresse em você, melhor, fazendo atividades que te façam raciocinar focado em outras coisas, sem ter relação com o que aconteceu para ativar o seu nível de estresse, consequentemente ativando ainda mais o seu raciocínio e diminuindo as suas emoções, como já citado anteriormente, o nosso raciocínio tem a capacidade de controlar o nosso estado emocional.

Além disso, os hormônios desempenham um papel importante na geração de estresse. O cortisol é o hormônio do estresse e pode ser liberado devido à fome ou a situações emocionais intensas. No entanto, você pode reduzir os níveis de cortisol em seu corpo por meio de exercícios físicos, sorrindo, fazendo boas ações. Foi comprovado que, quando fazemos o bem ao próximo, também estamos fazendo bem a nós mesmos, nos deixando mais inteligentes emocionalmente, principalmente com o ato da doação, que além do sentimento positivo que liberamos com essa ação, ela também nos ajuda a quebrar a crença de escassez em nossas vidas, tirando do nosso subconsciente que sempre estará faltando dinheiro em nossas vidas e mostrando, por outro lado, que sempre teremos o suficiente até mesmo para transbordar cada vez mais na vida do próximo. Lembre-se de coisas positivas, a sua memória tem a capacidade de criar sentimentos positivos em você quando você quiser, isso pelo fato de nossas memórias projetarem imagens mentais de coisas boas que vivenciamos, alterando diretamente o polo dos nossos sentimentos, inclusive o do estresse. Por fim, mantenha uma alimentação adequada, os alimentos que consumimos também ativam a produção de certos hormônios em nosso organismo. A alimentação saudável pode liberar muitos hormônios que nos fazem sentir bem e felizes, como dopamina, serotonina, endorfina e ocitocina, enquanto a falta da alimentação no decorrer do dia pode elevar o nível hormonal de cortisol em seu organismo.

A chave para equilibrar sua vida pessoal e profissional é compreender que ambas estão interligadas. Seu comportamento e suas emoções em um ambiente afetam diretamente o outro. O estresse não escolhe cenário e, se não for controlado, pode prejudicar todas as áreas de sua vida. Portanto, use as ferramentas apresentadas aqui para evitar que o estresse domine seus comportamentos e ações, ajudando a estabelecer equilíbrio em todas as esferas de sua vida.

Acredite, quando as emoções governam suas ações, a complexidade aumenta, e o estresse pode facilmente se tornar um ciclo negativo. O controle sobre o estresse é a chave para alcançar e manter a harmonia entre sua vida pessoal e profissional.

"Não tente mover as nuvens, elas não estão sob o seu controle, mas esteja preparado para as tempestades que podem estar por vir."

Rafael Fornari

renatofraguas

+55 (11) 99908-7317

Renato Fraguas

renatofraguas@uol.com.br

fraguasrenato.wixsite.com/educador

Renato Fraguas

Sou o professor Renato Fraguas, graduado em Comunicação Social pela PUC - Campinas e pós-graduado em Docência no Ensino Superior pelo Senac. Participei de formações em educação como: Design Thinking, Educação no Futuro, Metodologias Ativas, Planejamento Docente, Equilíbrio Emocional, Trabalho por Projetos, Ensino por Competências e Ferramentas de Aprendizagem, entre outras.

Trabalho desde 2008 com educação, tendo atuado como docente no Programa de Aprendizagem do Senac por 12 anos. Durante essa experiência, aprendi muito como docente, em sala de aula e nas formações e projetos da instituição. Antes disso, atuei muitos anos em publicidade, como criador. Desenvolvi estudos em design, marketing e, mais recentemente, em marketing digital e mentoria. Atualmente, trabalho como professor, palestrante e mentor para escolas, empresas e particulares, e esse é um trabalho que me gratifica muito.

28 PARA COMUNICAR MELHOR, É PRECISO SER MELHOR.

Por Renato Fraguas

As habilidades para uma comunicação eficaz são fundamentais. Num sentido maior, vai além de saber expressar-se ou entender bem. Comunicação plena abrange desde nossa postura até como nos relacionamos, particular ou profissionalmente, é uma forma de se apresentar e de ser.

Este assunto é muito amplo para apenas um capítulo, então vou apresentar o principal para o seu desenvolvimento e caminhos para pesquisa.

Pessoas perdem chances de trabalho ou são desligadas de organizações por falta de comunicação adequada, não sabendo mostrar seu alinhamento à empresa ou não percebendo o necessário para alinhar-se.

Pessoalmente, problemas de comunicação podem gerar conflitos em relacionamentos, dos mais íntimos aos superficiais, pois abrangem todas as nossas interações, inclusive comunicação digital.

É preciso entender que nos expressamos constantemente, mesmo quando não percebemos, não só por palavras, mas também gestos, expressões, roupa, entonação de voz, escrita, linguagem e nosso comportamento, dentro e fora da internet.

Isso vem da autoexpressão, que desenha nossa imagem. Para uma imagem pessoal ou profissional autêntica (mostre quem somos) e adequada (gere harmonia nos relacionamentos), é preciso desenvolver uma autoexpressão conveniente pelas habilidades de comunicação.

Veremos dois grupos de habilidades: técnicas (capacidades práticas) e comportamentais, ligadas à inteligência emocional, que dependem menos do fazer e mais do ser.

Comunicação, na teoria do linguista Roman Jakobson, apresenta os elementos: emissor (transmite a mensagem), um ou vários receptores (recebem a mensagem) e mensagens (informações), que serão transmitidas através de um código (linguagem ou sinais), por um canal (onde a mensagem circula), em um referente (contexto em que ocorre a comunicação). Essas mensagens podem sofrer alterações que distorçam seu entendimento, chamadas: "ruídos".

Abaixo, confira as relações entre estes elementos.

Ilustração 1

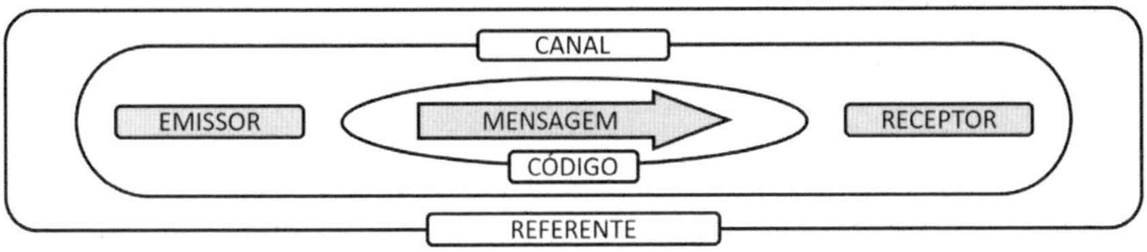

Para reduzir o ruído e transmitir a mensagem com exatidão, precisamos nos comunicar da maneira mais clara possível, desenvolvendo competências para a nossa expressão pessoal.

Habilidades técnicas na comunicação

O primeiro ponto é identificar com quem você está falando, quem é o seu público. Saber isso define dois pontos importantíssimos: a apresentação de um conteúdo relevante e a linguagem a ser usada.

A diretora de criação Carol Massière, em publicação no LinkedIn: "O que é e como produzir conteúdo relevante?", afirma: "Um conteúdo relevante é aquele que gera algum benefício para quem está lendo". Ela se refere ao marketing digital, mas, em comunicação, devemos levar ao público um conteúdo que acrescente algo, o que o torna interessante.

O próximo passo é perceber qual linguagem será melhor entendida pelo público. Pessoas de idades, formações profissionais, áreas técnicas e graus de conhecimento diversos dominarão linguagens diferentes, e isso vai impactar no seu entendimento.

No blog Soap, na publicação: "Linguagens: conheça os tipos e saiba como elas impactam nas suas apresentações", encontramos: "Linguagem é o recurso que as pessoas utilizam para transmitir as suas mensagens para as outras". Isso engloba o uso de uma linguagem formal (culta) ou informal (do dia a dia), verbal, não verbal ou mista (palavras e imagens).

A adequação da linguagem se dá pelo conhecimento das características do público. Entendendo sua origem, particularidades e forma de comunicar, ficará clara essa escolha.

Objetividade: característica da pessoa direta (Dicionário Aurélio). A capacidade de transmitir o que realmente importa. É necessário dominar bem o assunto para saber definir e apresentar as ideias centrais, com poder de síntese.

Clareza: atributo daquilo que é inteligível; fácil de ser compreendido (Dicionário Aurélio). Saber colocar ideias de forma que as entendam perfeitamente, no sentido desejado. Vale evitar ambiguidades, apresentar lógica compreensível (causa e efeito) e seguir uma linha de raciocínio coerente.

Coerência: relação lógica e harmônica entre ideias, nexo (Dicionário Informal). Quando há uma conexão racional entre as ideias. Não se resume a criar introdução, desenvolvimento e conclusão, mas esses elementos devem formar um todo, com unidade de sentido, sem contradições.

Argumentação: capacidade de defender uma posição ou ponto de vista (Dicionário Informal). A apresentação dos argumentos deve ser organizada para persuadir. Argumentos devem ser coerentes (sem contradições), objetivos (independentes de interpretações pessoais) e sólidos (com base em fatos).

Vocabulário amplo: quando alguém tem amplitude de opções de palavras na mente (Dicionário Informal). Saber muitas palavras faz a comunicação mais clara e permite entender e transmitir ideias mais complexas. A leitura, a escrita e buscar o significado de palavras desconhecidas, ampliam o vocabulário.

Oratória: arte e técnica de falar em público (Dicionário Informal). Uso adequado de pausas, ritmo, volume e tom de voz são princípios para a boa oratória. Emoção na fala, narrativa estruturada e fluente, e uso adequado de palavras e linguagem vão promover o interesse.

Linguagem corporal: comunicação não-verbal, onde o corpo "fala" (Enciclopédia Significados). A postura corporal, expressões faciais e gestos podem comunicar: entusiasmo, autoridade, interesse ou o oposto disso. Use gestos e postura para valorizar e ilustrar sua fala.

Estilo Pessoal: Forma como a pessoa mostra sua autenticidade e personalidade, por meio das roupas, modo de agir, se comportar, falar e se expressar.

(Cristyele Oliveira – site "Área de Mulher"). Todos esses elementos formam a sua imagem. Assuma um estilo que esteja em harmonia com sua personalidade e que ajude a criar uma impressão positiva.

Habilidades comportamentais na comunicação

São essenciais para uma comunicação harmoniosa. Habilidades técnicas melhoram o entendimento, mas as comportamentais promovem concordância e evitam confrontos. Elas dependem do amadurecimento, são desenvolvidas pelo conhecimento e experiência, alimentando o desenvolvimento mental, emocional e afetivo.

A psicóloga Cindy Guerson, em: "Entenda o que Maturidade é e como ela afeta seus comportamentos emocionais", diz: "maturidade é um conceito abrangente que reúne um compilado de competências sociais e emocionais". Ela afirma que maturidade emocional é conseguirmos identificar nossas emoções e mostrá-las de forma assertiva, entendermos nossos sentimentos e validarmos os do outro.

O filósofo Mário Sérgio Cortella, na palestra "Atitude e Sentimento para o Futuro", diferencia conflito e confronto, afirmando que no conflito há divergência de opinião, enquanto no confronto não há reflexão, mas ameaças ao outro. É a diferença entre opor-se a ideias ou à pessoa.

Daniel Goleman, psicólogo e escritor, define inteligência emocional: "capacidade de identificar nossos próprios sentimentos e dos outros, de (...) gerirmos os impulsos dentro de nós e em nossos relacionamentos" e estabelece pilares comportamentais para o seu alcance. Então, habilidades de comportamento são o que sustenta a inteligência emocional, tão valorizada no mercado e necessária para se viver melhor.

Empatia: compreender e considerar os sentimentos de outros (Daniel Goleman). Comunicar-se com empatia é considerar válidas as opiniões e sentimentos do interlocutor, tentando entender suas razões e motivações.

Escuta ativa: ouvir e compreender uma mensagem (...) de forma a demonstrar um interesse verdadeiro para se conectar com a pessoa (Beatriz Gernhardt). A habilidade de realmente nos interessarmos pelo discurso do outro e por seus pontos de vista.

Flexibilidade: qualidade de quem é compreensivo (Dicionário Aurélio). Faz a pessoa considerar a possibilidade de não estar totalmente certa, abrir seus pensamentos para um novo aprendizado.

Paciência: virtude que faz alguém suportar algo sem perder a calma (Dicionário Aurélio). Fundamental para manter a serenidade e o equilíbrio mesmo em situações de ansiedade e desconforto.

Respeito: estima ou consideração que se demonstra por alguém (Dicionário Houaiss). Considerar a fala do outro como equivalente à sua, tendo consideração por suas ideias e opiniões.

Autorregulação: capacidade de escolher respostas e não reagir apenas por impulso (Daniel Goleman). Controlar as próprias emoções, evitando reações desproporcionais, torna a comunicação menos tensa, principalmente em assuntos delicados e conflituosos.

Assertividade: defesa das opiniões do próprio, sem deixar de ter consideração pelo outro (Galassi & Galassi; Hargie & Dickson). Nem agressivo (desconsidera o outro), nem passivo (se anula para evitar conflitos), o assertivo coloca seus desejos e opiniões de forma clara, mas respeitando o outro.

As habilidades de comunicação técnicas e comportamentais se completam. As primeiras auxiliam a clareza, promovem melhor entendimento, as outras estimulam um ambiente harmonioso, evitando confrontos.

Na busca pelo seu aprimoramento, vale lembrar que todas estas influenciam sua autoexpressão, por isso ajudam a construir sua imagem pessoal e profissional. Mas não se trata de usar este conhecimento para criar uma imagem ensaiada, não autêntica, mas sim tentar evoluir e incorporar estas habilidades, acreditando em sua importância na construção de uma melhor comunicação e melhores relacionamentos.

Trata-se de tornar-se melhor para comunicar-se melhor, pois nossa evolução pessoal contribui com a de todos.

“Invista em evoluir para comunicar o seu melhor.”

Renato Fraguas

linktr.ee/rosanaviegasmentora

Método RTR https://rosanaviegas.com.br/oficial/

www.rosanaviegas.com.br

Rosana Viegas

Dizem que "levo luz aonde vou". Claro que gosto porque, de certa forma, é reflexo da cristandade que vivo e dos aprendizados na dura jornada que mudaram minha mentalidade e atitudes.

Sou Rosana Cristina Viegas Barbarini, brasileira, mas moro em Bogotá. Devo o que sou aos meus exímios pais, João e Evanilde, ao meu protetor esposo, Oclydes Jr., e aos nossos filhos, o amigão Lucas e a meiga Beatriz.

Formada em Administração e aluna da FGV, USP, UCLA e Oxford, por 23 anos fui executiva de indústrias como ASK Crios, Pilkington-Blindex e Klabin, exercendo nas áreas Marketing, Comercial, Comunicação e Sustentabilidade.

Por 7 anos empreendi no varejo, período em que imergi em Liderança e Inteligência das Relações. A vivência me motivou a seguir minha missão de INSPIRAR profissionais para o Destaque na Carreira com Equilíbrio da Vida Pessoal e, por isso, em 2024, me graduarei em Psicanálise Moderna.

29 MÉTODO RTR: PARA QUEM LIDA COM GENTE

Por Rosana Viegas

Sabe qual é o problema das lideranças?

Mesmo sabendo que atualizar-se no tema liderança é necessário, executivos e empresários estão cansados de seguirem novas técnicas apresentadas e não perceberem uma mudança significativa, que gere um resultado motivador e reais benefícios para o dia a dia.

Porém não alcançam resultados dos quais possam se orgulhar porque lhes faltam valorizar o básico. Falta a prática de um conhecimento simples que, junto com essas técnicas recebidas, dariam resultados "parrudos" na arte de inspirar pessoas a fazerem mais do que é preciso e juntos, serem premiados.

Antes de falar desse fundamento, eu tenho uma questão:

Você que é líder e sente falta de ser mais valorizado, ter um merecido salário e ter mais tempo para a vida pessoal, diz uma coisa, considerando que temos dois grupos:

Um de líderes:

- estressados
- sobrecarregados
- sem tempo
- mal pagos e
- desvalorizados, sem reconhecimento

e outro grupo de líderes que:

- gerenciam pessoas com mais leveza
- têm mais tempo para a vida pessoal
- são mais bem remunerados e ainda
- são admirados no seu meio.

De qual grupo você faz parte, atualmente?

A nossa empresa ou nossa função de liderar pessoas não precisa ser um peso. Tem que ser desafiador sim, mas gostoso também! Acordar para trabalhar não deve ser um martírio.

Sabia que é possível equilibrar a dedicação na carreira e na vida pessoal?

Continuar ocupado, improdutivo, sem tempo para quem ama não significa que terá superresultados.

Foi para um gestor ou empresário ter:

- alívio na correria e no estresse de lidar com pessoas todos os dias;
- mais tempo para si;
- oportunidades de conquistar mais benefícios; e
- organização na vida pessoal sentindo-se um líder bem-sucedido,

... que eu criei o **Método RTR.**

Para saber como evitar transtornos na nossa jornada de evolução, você vai conhecer a metodologia que usei comigo.

São ações que constroem uma base segura para o gestor de pessoas erguer sua duradoura e grande obra.

Cheguei nessa "receita", após mais de 20 anos estudando gente e experimentando diversas formas de liderar com leveza, aliando mais conforto financeiro e mais tempo para o que nos alegra.

Sabe, percebo que o que mais perturba o líder é não saber:

- como lidar com o comportamento e as aspirações da nova geração, que demanda rápida evolução;
- como inspirar esse novo profissional a se comprometer e ser proativo; e
- como continuar evoluindo na carreira com crescentes exigências, sem sacrificar a vida pessoal.

O ser humano não vive bem com incertezas, e por isso se angustia e torna-se cada vez mais desanimado, estressado e ansioso. Precisamos "ter a sensação de controle" para nos tranquilizarmos.

Se está cansado da equipe não "andar" sem você estar perto, de viver sobrecarregado e insatisfeito com esse ritmo e ainda com medos sobre o futuro, isso pode piorar.

Muitas vezes, aumentamos nosso mal-estar, nervosismo e ansiedade porque nos culpamos por descontar esse estado negativo na equipe. E, pior, descontamos nas pessoas mais amadas, desarmonizando o lar.

E isso pode estar acontecendo porque, sempre mal-humorados:

- ou levamos trabalho para casa;
- ou tornou-se hábito ficar na empresa até mais tarde;
- ou você não quer ir para casa (um delicado tema).

A culpa, assim como outros sentimentos negativos, freia o nosso progresso.

Pense! Se não mudarmos:

- até quando nosso parceiro ou parceira aguentará?
- até quando você terá boa saúde?
- até quando se manterá no progresso da carreira?
- até quando sua empresa ou área terá lucros?
- até quando não priorizará o que lhe é valor?
- até quando fará mil coisas "ao léu", ao invés de fazer um plano estratégico e agir nele?
- até quando seremos mesquinhos com nossos colaboradores e vice-versa?

Ei, colaborador! Trabalho é bênção e nos dá tudo o que temos.

Ei, líder e empresário! Colaboradores lidam diretamente com o que é mais valioso numa empresa: os produtos, os processos e os clientes. Eles trazem e mantêm clientes.

Bom, aprendamos com aqueles que pagaram alto preço por focarem apenas em novos meios de fazer mais dinheiro. Ou perdem a família ou a saúde, dinheiro ou tudo.

Eu me arrisquei nesse caminho, e foi por eu ter saído de um profundo buraco, que prometi a mim mesma que compartilharia o aprendizado dos meus vários papéis (como filha, mãe, esposa, executiva e empresária), com o maior número de pessoas. Eu não quero que guerreiros como você sofra e atrase a vida passando pelo que passei!

Então, apresento-lhe três ações que lhe assegurarão:

- **um chão firme**, que toda pessoa, todo líder precisa construir para erguer seu castelo.
- **um esquema seguro que conduz ao equilíbrio entre as áreas da vida** (saúde, família, financeira, social, realização, intelectual, espiritual...), para que tenha energia para evoluir.
- um **método** que nos ensine a viver com mais paz e "aquele brilho nos olhos"!

O MÉTODO RTR é sustentado pela dinâmica de três ações, representadas por essas 3 letras que irão:

- aliviar o estresse da responsabilidade com pessoas;
- proporcionar mais tempo para o que quiser; e
- atrair oportunidades que lhe trarão reconhecimento financeiro, excelente reputação e imagem.

As letras significam:

R – Relacionamentos

T – Tempo

R – Reconhecimentos

Ser reconhecido como pessoa de boa reputação e ter reconhecimento financeiro gera a qualquer pessoa a sensação de realização pessoal e profissional (que vem do fortalecimento da autoconfiança e da autoestima) e, consequentemente, traz alegria.

Essa alegria gera uma energia positiva que é percebida pelas pessoas ao redor, o que os inspira a fazer mais "coisas" e, também, atrai pessoas que somam na nossa história.

Assim, a sensação de pessoa realizada está diretamente relacionada com a maneira como administramos nossos relacionamentos (como lidamos com diferentes pessoas) e com o nosso tempo.

Cuide bem de você e vá à luta!

Para viver, obrigatoriamente temos que nos relacionar (a 1ª letra R) com pessoas, sejam família, amigos, funcionários, gestores, mentores, entre outros.

1ª ação – Fortaleça relacionamentos

Busque autoconhecimento. Ter um bom **relacionamento** com você e com os outros lhe coloca em círculos de amizades saudáveis. Assim, sempre será apoiado, ouvido e convidado para oportunidades.

Esforce-se para aprender o autocontrole e em como ter mais empatia, para fortalecer boas relações, sempre fazer parte do jogo e sentir-se pertencente e amado.

Busque relações pessoais e profissionais com motivação construtiva para ambos os lados, porque assim atrairá pessoas leais e de mentalidade avançada.

Você já deve ter percebido que quem não respeita pessoas só perde, atrai problemas de todas as ordens e não tem a colaboração delas, porque elas se afastam.

Motive-se a conhecer e a respeitar seus valores, encontrar seus reais talentos, seu propósito e sua missão.

Assim você terá objetivos claros, saberá para onde está indo e ganhará tempo, afinal, saberá onde focar para alcançar seus objetivos e sonhos.

Para que possa se autoconhecer, entender o comportamento alheio, lidar bem com ele, atrair e manter fortes laços, precisamos de tempo (a 2ª letra: letra T).

Na vida pessoal, **o tempo** é para os relacionamentos, para aprender, cuidar, amar e, na carreira, é imprescindível o controle do tempo do dia para obter mais conhecimentos, planejar, discutir, executar, atender, envolver, apoiar e desenvolver outros.

2ª Ação – Aumente seu tempo de qualidade

É essencial para o equilíbrio mental que, de tempos em tempos, saiamos da louca roda da vida para pensar novos meios de aumentar nosso tempo de qualidade, priorizando o que é importante e, assim, desfrutarmos de nossos finitos dias com real presença. Organizar tempo:

- para si, para os que ama, para cuidar da saúde, do lazer etc.;
- para planejar os próximos passos, dias, meses e anos e, com isso, aliviar a ansiedade que assola a humanidade;
- para intelectualizar-se por meio de cursos, palestras, leituras, vídeos, entre outros;
- para trazer seus funcionários para o seu lado. Sim, porque se não desenvolver boas relações com eles, não alcançará seus objetivos, nem profissionais, nem pessoais. Afinal, você depende do trabalho bem-feito deles, para que o seu dê resultado;
- para treinar a equipe a funcionar sem você estar lá o tempo todo e para que saia de férias em paz.

Somando **fortes relações**, com **tempo otimizado** no trabalho e na vida pessoal, os resultados serão **reconhecidos**.

3ª Ação – Ampliar reconhecimentos

Uma pessoa que quer se realizar tem que buscar mentores que lhe fortaleçam sua autoestima e sua autoconfiança.

Além de boas relações, movimente sua carreira com ações enobrecedoras, lembrando de incluir o *networking*, preceitos da sustentabilidade e o ato de doar-se e ajudar (Lei da Prosperidade).

Desta forma, nós carimbamos no mundo a nossa capacidade de edificar boas coisas e, então, esse esforço em construir e multiplicar será recompensado:

- pelo reconhecimento moral ou de imagem e reputação, que vem por meio das pessoas que nos cercam, que ensinamos e ajudamos; e
- pelo reconhecimento financeiro, por meio do dinheiro, bens e benefícios.

Com isso, a confiança em si se eleva e junto com ela, eleva-se a autoestima.

A pessoa autoconfiante e de forte autoestima vive seus dias em alto desempenho, o que gera mais resultados e a sensação de realização como pessoa e profissional, ou seja, uma pessoa feliz! Afinal, tudo o que desejamos ter e ser é para sentir felicidade. Felizes, inspiramos pessoas, emanando essa vibração superpositiva.

E, assim, relacionar-se bem consigo mesmo e com outros, administrando estrategicamente o seu tempo, não terá outro resultado se não o *feedback* do Universo, por meio de reconhecimentos por tudo o que fazemos por nós, pelos outros e pelo mundo. Isso é o alicerce da liderança!

"Um profissional realizado nos inspira, é admirado e bem remunerado porque fortalece relações, é uma alma aprendiz e investe tempo em pessoas."

Rosana Viegas